「勉強が好きな子」をつくる

小学校生活スタートダッシュ【学習支援編】

保護者の「疑問」に完全対応！

小野隆行 編著

GAKUGEI MIRAISHA

まえがき

何度か一年生の担任をした。

その中で、入学した時点でひらがなの読み書きが全くできない子がいた。正確に言うと、自分の名前は読める。しかし、その文字を読めているのではない。

「おのたかゆき」は読める。「の」「た」「き」は読めない。

つまり、自分の名前を読んでいるのではなく、図形のような固まりとして認識しているという状態であった。

なぜ、このような状態になったのであろうか。この子の家庭環境に問題があったのだろうか。

しかし、そうではなかった。

保護者はどちらかというと、非常に熱心に子育てに取り組まれていたので、入学前に、どのような家庭学習をしていたのかをうかがってみた。

毎日、一年生で勉強するドリルを一時間近くやっていた

この子は自分の名前もなかなか読めるようにならなかったので、小学校に入って困らないように、少し難しい問題を毎日やらせていたという。

このことを聞いて、すぐにピンときた。

この子の発達段階にあった学習がなされていない

この子が発達障害かどうかは分からない。語彙は少ないものの、日常的な会話もできる。友達とも仲良くできる。生活全般での遅れはない。

できないのは、文字の読み書きだけだった。

では、なぜ、この保護者はあえて難しい問題をさせていたのだろうか?

「兄弟がやっていた」「園の友達がやっていた」という回答だった。

保護者からすると、我が子の学習の遅れは非常に心配だ。特に、身近な兄弟や同級生とどうしても比べてしまい、そこで得た情報やアドバイスをそのまま試してみる、というケースが非常に多くなるのである。

しかし、子どもの発達のスピードはバラバラだ。同級生がやっていることが、自分の子にもあ

てはまるかどうかは全く別物だ。

一方、インターネットや書店の棚を見てみると、保護者の不安をあおるようなキャッチコピーであふれかえっている。

「小学校の学習を先取り」「あえてレベルの高いものに挑戦させる」「小学校への耐性を作る」「自分で考えさせる」などなど、もっともらしい言葉が並んでいる。

この子に起きていたのは、そうした情報をそのまま試してみてうまくいかなかった典型的なケースである。

ここでの問題は、ひらがなの読み書きができなかったということだけではない。

一つは、「勉強が嫌いになること」である。

自分の発達にあっていない問題に取り組まされるのであるから、できないのは当然で、勉強を嫌いになってしまうのも無理はない。

これは小学校に入学する前の子どもにとって、非常に大きなマイナスになる。子どもにとって、本来、勉強とは楽しいものでなくてはならない。

もう一つは、「親子関係が崩れること」である。

この子の場合も、嫌がる子どもを保護者は叱りつけながらやらせていたらしい。「この子が困らないようにするためだ」と、痛む心をおさえて、問題をやらせていたのだという。

毎日、この子は問題を見るたびに、「分からない」「自分はダメだ」と思っていたことだろう。

入学して二日目に、この子が言った言葉が忘れられない。

「ぼくは、学校のお勉強が全然、分からない」

入学二日目なので、まだ何も勉強を始めていない。それなのにこのような発言をするということは、それまでの自分の経験から、自分はダメだと思っているということだ。

この子は、その後、一学期末までにひらがなの読み書きを全てマスターした。保護者にもご協力いただき、この子にあった家庭学習を行ってもらった。

そのことで、この子はどんどんひらがなの読み書きを習得していった。曇っていた表情は明るくなり、「ぼく、勉強楽しいから大好き」と言うまでになった。

入学前に、子どもに何を学ばせるのかということは、非常に重要な課題である。間違った方法では、子どもを傷つけ、学ぼうという意欲を失わせてしまう。

子どもの学ぶ意欲を、勉強の楽しさをどのように育てていくか。そのために、周りの大人がどのような支援をしていけばいいのか。

そのような観点から本書は執筆されている。

入学準備、そして入学後の子どもたちへの正しい支援・指導のヒントにしていただけたら、と願っている。

小野隆行

目次

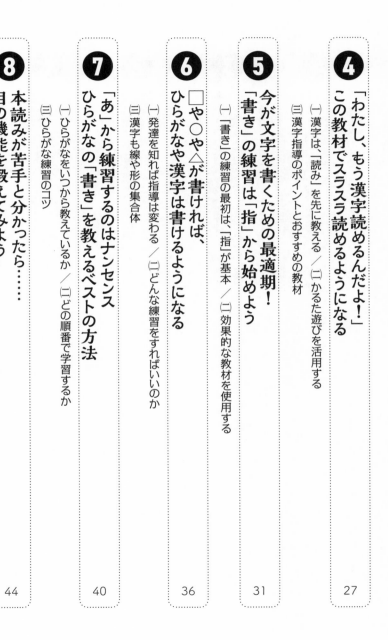

目次

第3章 〝自分でできるもん〟子どもがそう思えばバッチリ！ 73
子どもの「学習習慣」を徹底サポート

目次

我が子の「ちょっぴり」気になる行動 ～学習習慣を中心に～

目次

第1章

小一のスタートダッシュは これでバッチリ！

家庭でできる〝読み書き力〟をつける秘訣

1 ひらがなは全部読めなきゃ、お勉強に遅れちゃう? スラスラ読めるようになるとっておきの方法

(一) ひらがなは小学校入学後からでも大丈夫?

「学習」を始めるのが小学校というイメージがあるからなのだろうか、ひらがなの学習は小学校に入ってからという思い込みがある。本当にそうなのだろうか。

実際に、平成三〇年二月に公開された「幼稚園教育要領解説 第2章・第2節」では、次のようにある。

> 4 言葉の獲得に関する領域「言葉」
> 〔内容〕
> (10) 日常生活の中で、文字などで伝える楽しさを味わう。

つまり、ある程度のひらがなの読み書きは幼稚園で学習した方がよいということである。

国立国語教育研究所の研究では、就学前の五歳児の八〇パーセントはひらがなが読めるようになっていることが分かっている。

また、小学一年生の国語の教科書を見て欲しい。

光村図書の教科書では、ひらがなは四ページから登場する。そして、二二ページまでには、八〇パーセント以上の三八文字が登場している。

つまり、入学から一ヶ月ぐらいで、八〇パーセント以上のひらがなの読みが出てくるのである。

このことから、次のことが言える。

小学校の教育は、ひらがなが読める前提でできている

小学校入学時点で、ひらがなが読めなければ、勉強に遅れてしまうことになる。

(二) ひらがなをスラスラ読めるようになる方法

では、どのようにすればひらがながスラスラ読めるようになるのだろうか。

いくつかおすすめの方法を紹介する。

①ひらがなで書かれた簡単な本の読み聞かせをする

言語は、(1)聞く、(2)話す、(3)読む、(4)書くという順で習得していく。

そのため、基本となるのは、まずは(1)の「聞く」である。保護者がたくさん読み聞かせを行うことで、どのような本でも効果があるが、ひらがなの読みを目的とする場合、まずは文字数が少ない簡単な絵本がよい。
(2)「話す」、(3)「読む」ができるようになっていく。
何度も読み聞かせを行うと、徐々に子どもが話を覚えるようになる。話を覚えるようになったら、絵本のひらがなの文字を見せて、「このひらがなは何て読むのかな？」と尋ねる。子どもは答えることができ

るだろう。「そうだね！　すごい！　○の字、読めたね！」と褒めて、文字と音を一致させていく。それを繰り返すことで、ひらがながだんだんと読めるようになっていく。

②ひらがなマグネットを使って練習する

丸いマグネットを使う。丸いマグネットの上にひらがなを一文字書いておく。これをホワイトボードに貼って五〇音表を作る。

この五〇音表を使って、「あいうえお　かきくけこ……」のように、まずは、ひらがなの読みを何度も練習する。

それができるようになったら、あ行のマグネットだけをはがして箱等に入れ、「『あ』はどれかな?」「『い』は?」などのようにして、一文字ずつ貼らせていき、五〇音表を完成させる。できるようになったら、「『あいうえお』を並べてごらん」などのように、一度にする数を増やしていく。それもできるようになったら、「あ行」と「か行」の二行にしていく。そのようにだんだんと行数を増やしていく。

さらに、貼っていく順番も「あいうえお」の順ではなく、「あ」「お」「う」などのように、バラバラにしていくと難易度が上がっていく。こうして、ひらがなの音と文字を一致させていく。マグネットだとパーツが行方不明にならず、またゲーム感覚で楽しんで行うことができる。

全てのひらがなが読めるようになったら、次は「犬」の絵を見せて、「これの名前をマグネットで作ってごらん」などのようにして、言葉を作っていくようにさせる。

さらに、マグネットを使い、しりとりや穴埋め問題にチャレンジするのもよい。楽しんでひらがなを学ぶことができる。

ひらがな一文字を書いた
丸いマグネット

なお、この教具は自分でも作成可能だが、作るのが面倒な場合は、インターネットで購入することもできる（教育技術研究所ＨＰ：https://www.tiotoss.jp/products/detail.php?product_id=2861で「マグネットひらがな表」として販売されている。ぜひ参考にして頂きたい）。

【保護者へアドバイスするときのポイント】

保護者の中には、ひらがなが読めるようになるのは、小学校に入ってからで大丈夫だと思っている方もいらっしゃいます。幼稚園や保育所の先生方の場合は、園だよりなどを通じて、「ひらがなの読みに関しては、小学校入学前にできるようになることが望ましい」ということを伝えましょう。小学校の場合は、就学時健康診断や一日入学のときにお伝えするとよいでしょう。

そのことと合わせて、「嫌がる子どもに無理やり教えると、文字の学習が嫌いになってしまう」ことも伝えておくことが大切です。楽しく、自然に覚えてしまうような学習がよいことも伝えておくと効果的です。

その方法としては、先述したように、読み聞かせが有効なことや、保護者がお風呂などで一緒に練習するなど、具体的な方法をアドバイスするようにします。ひらがなマグネットなどの教材を紹介するのも一つの方法です。

2 寝る前の五分で充分！国語の力がグーンとアップするコツ

㈠ 読み聞かせの効果

よく読み聞かせがよいと言われているが、それは本当なのだろうか。

読み聞かせについては科学的な研究が進んでいる。

ドロシー・バトラー著『クシュラの奇跡――１４０冊の絵本との日々』（百々佑利子訳、のら書店、二〇〇六年）という本がある。この本の概要は次のことである。

> クシュラは、染色体異常で脾臓・腎臓・口腔に障害があり、筋肉麻痺であったため二時間以上寝ることができず、三歳になるまで物も握れず、自分の指先より遠いものはよく見えなかった。精神的にも身体的にも通常より発達が遅れていると言われていた。
>
> しかし、生後四ヶ月から両親が毎日読み聞かせを実行したところ、五歳になる頃には、クシュラの知能は平均よりはるかに高く、本が読めるようになっていた。

このような奇跡を生み出したのには、読み聞かせが関係したと言われている。

これはあくまでケーススタディに過ぎないが、他にも読み聞かせの効果を記している論文は多くある。

様々な心理学的研究が、読み聞かせが子どもの想像力を育み、言語能力を高め、人間関係を豊かにすることを報告している。

例えば、アメリカの「読み聞かせハンドブック」（アメリカでベストセラーとなり、シリーズ化されている。日本語の翻訳書も出ている。『読み聞かせ――この素晴らしい世界』亀井よし子訳、高文研、一九八七年。『できる子に育つ 魔法の読みきかせ』鈴木徹訳、筑摩書房、二〇一八年）の著者ジム・トレリースは、読み聞かせは子どもの興味、情緒的発達、想像力、言語能力を刺激するとし、人間の声は、親が子どもの精神状態を落ち着かせるための最も強力な道具であるとしている。

日本の研究もある。財団法人文字・活字文化推進機構が二〇一〇年三月に発表した「子ども読書活動推進に関する評価・分析事業報告書」(http://www.kodomodokusyo.go.jp/happyou/datas_download_data.asp?id=17)では、次のことが明らかにされている。

小学校二年生の結果を見てみると、小学校入学以前に家庭で読み聞かせをしてもらった子どもは、読んでもらわなかった子どもより、読書に対する興味は約30ポイント、学校の授業の楽しさで約20ポイント高かった。

読書に対する興味は、学力にも影響があることも分かっている。

「平成二二年度全国学力・学習状況調査」（文部科学省）の調査結果は、次のように報告している。

読書が好きな児童生徒の方が、小学校でも中学校でも国語と算数・数学の平均正答率が高い傾向が見られた。

入学前の読み聞かせの経験が読書に対する興味に繋がり、そして読書に対する興味が国語、算数・数学の高い平均正答率へと導くのである。

つまり、入学前の読み聞かせが国語、算数・数学の学力へと繋がるのである。

さらに、ＯＥＣＤ（経済開発協力機構）が実施した「生徒の学習到達度調査（ＰＩＳＡ）」の結果をまとめた文書「ＰＩＳＡ　ＩＮ　ＦＯＣＵＳ30'」（https://www.oecd.org/pisa/pisaproducts/pisainfocus/pisa-in-focus-30(jpn).pdf）には、因果関係ははっきりしないが、低学年のときに子どもへの読み聞かせに時間をかけている家庭の方が、読解力の成績が高いことを指摘している。

科学的な研究も進んでいる。

二〇〇八年、読み聞かせ中の脳の働きを調べる実験が日本大学の研究チームによって行われた。

実験の結果、読み聞かせ中、読み手である母親の脳では前頭前野が、聞き手である子どもの脳では大脳辺縁系がそれぞれ活発に働いていることが分かっている。

前頭前野は、思考や創造力・コミュニケーション・感情のコントロールといった機能を司り、大脳辺縁系は喜怒哀楽を生み出し、その感情に基づいて基本的な行動を決めている部分でもある。

そして、読み聞かせの効果をこの研究の中心となった、日本大学大学院総合科学研究科の森羅雅登教授は次のように結論づけている。

子どもは読み聞かせを通じて、豊かな感情、情動がわき上がっているのだろう。脳は使うことで発達する。読み聞かせは、結果として子どもの豊かな感情を養い、「心の脳」が育つために役立っているのだろう。

(二) 毎日、絵本の読み聞かせを取り入れる

このようにとても効果のある読み聞かせだが、いつ、どれくらい行えばよいのだろうか。松永暢史氏は、読み聞かせの時間帯について次のように述べている。

> 一番良いのは、寝る前です。
> （『将来の学力は10歳までの「読書量」で決まる！』すばる舎、二〇一四年、一二三頁）

脳は睡眠中に記憶を知識として定着させるので、学習効果が高いことをその理由として挙げている。時間については、同書の中では次のように書かれている。

> たった5分、10分の読み聞かせが勉強の原点となるのです。
> （同書、二七頁）

まずは、短い時間でもよい。最初から長時間だと子どもも親も疲れてしまう。短い時間でも読み聞かせを続けていくことが大切である。

子どもも親も慣れていけば、子どもの興味に従って、時間を延ばしていくのもよい。

読み聞かせる本は、まずは、文字数の少ない絵本がよい

文字が少ない本は、親も手軽に読める。慣れてきたら徐々に文字数の多い本にチャレンジしていくとよ

いだろう。

【保護者へアドバイスするときのポイント】

共働きの家庭が増え、「読み聞かせが大切なのは分かっているけど、なかなか時間が取れなくて……」という保護者が多くなっています。「毎日、寝る前五分でいいのでやってみませんか？」と具体的な時間を提案すると保護者も取り組みやすくなります。

また、どんな本を選べばよいか迷われている保護者には、「文字の少ない絵本」や「オノマトペ（ワンワン、ブンブンなど）が多い絵本」は子どもが集中して聞くことが多いことをアドバイスするとよいでしょう。

3 教科書に出会う前にやっておこう！親子で本読みの練習開始

(一) 就学前に本読み（音読）の練習をスタートしよう

第1節で触れたように、小学校の学習はひらがなが読めることを前提にして作られている。ひらがなをすらすら読めることができるようになるためにも、本読みの練習を就学前に開始することが大切である。

しかし、音読は、子ども任せにしていては上達しない。ただたくさん練習してもなかなか上達はしない。たどたどしく読んでいる子どもが、自分だけで練習しても上手に読めるようにはならないのである。

それはなぜだろうか。

言語の習得過程を考えてみるとよい。言語の習得過程は、これも前述の通り、聞く、話す、読む、書くの順に発達していく。

この発達を考えて練習することが大切である。

(二) 本読み（音読）の練習方法

① 教師・保護者の範読

教師・保護者がまずはお手本となって聞かせる。親子であれば、読み聞かせをイメージするとよい。

②**追い読み**（**教師・保護者の後に続いて読む**）

耳から聞いた音を、まねして言ってみる。ただ、これは音をまねしているだけなので、文字を見なくても言うことができる。言えるようになったら、「字を見ながら言ってみようね」などのように声かけをするとよい。

③**交代読み**（**一行ずつ交代で教師・保護者と子どもが交互に読む**）

いきなり全てを一人で読むのは難しいので、交代で読んでいく。文字を追わないとこれはできない。できるようになったら、今度は、子どもが先、教師・保護者が後で交代で読んでみる。

④**一人で読む**

交代読みまでがスラスラできるようになったら、一人で音読することにチャレンジする。

㈢短い文章を読む練習をする

音読は、まずは短い文章からチャレンジするのがよい。絵本や詩などがおすすめである。できれば、文章が文節毎に区切ってあるものを選ぶとよい。

できるようになったら、徐々に長い文章にチャレンジしていく。

長い文章では、ぜひ名文に親しませたい。『声に出して読みたい日本語』シリーズ（齋藤孝著、草思社）などはお薦めである。名文を読むことで、文章の表現力なども鍛えることができる。

なお、長文の場合は、いくつかの場面で切って、子どもの負担になりすぎないようにするとよい。

㈣文字の飛ばし読みが多い場合、道具を活用する

紹介した方法で音読を練習してもなかなか上達しないこともある。

例えば、文字や行を飛ばして読んだりする状態である。この原因の一つとして考えられるのが、どこを読んでいるかが分からなくなることである。

まずは、指で押さえながら読ませるようにする。

指が難しい場合は、リーディングトラッカー(リーディングスリットやタイポスコープとも呼ばれている)などの、読書補助具を活用するのも有効な手立ての一つである。

これは下の写真のように、一部に色がついていたり、一部のみが見えるようになっているものである。本に重ねると、読んでいる行のみが見えるようになったり、色がついてハイライトされるようになる。

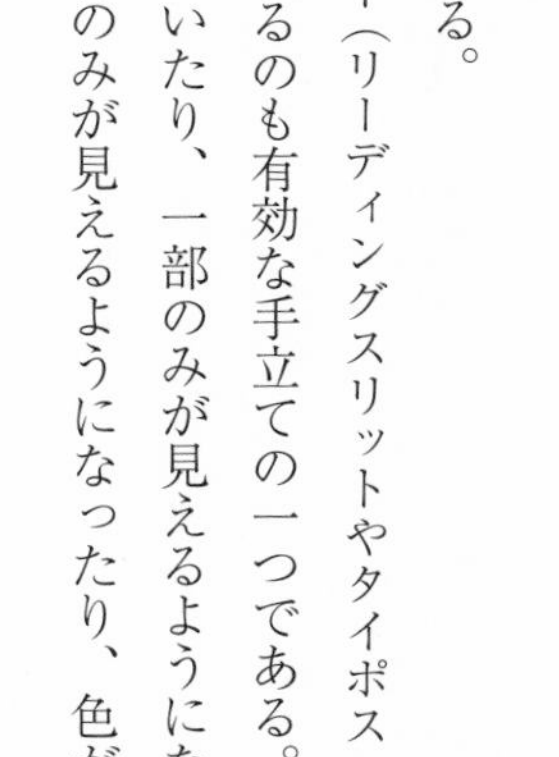

(五)それでも音読が難しい場合

どれだけ練習しても上達が見られない場合は、ディスレクシアの可能性がある。ディスレクシアとは、日本語では「読字障害」や「難読症」とも言われるLD(学習障害)の一つである。日常生活や会話は他の子どもと変わらないのに、文字を読んだり、音読したりすることだけが難しかったりする。ディスレクシアの子どもには、次のような特徴がある。

(1)言葉を聞き間違える
(2)音読がたどたどしく、遅い
(3)一文字ずつ区切って読む

(4)「っ」「ゃ」などの小文字が入った単語が読めない
(5)「ろ」や「る」など形の似ている文字を見分けられない

心配な場合は、小学校の特別支援コーディネーターや、各県にある発達障害センターなどに相談してみるとよい。

【保護者へアドバイスするときのポイント】

文字が読めるようになるために、音読は大切な学習の一つです。ひらがなが読めるようになる四歳前後からスタートするとよいことを伝えましょう。ひらがなが読めるようになるまでは、「保護者の読み聞かせ」がよいことを伝えておくとよいでしょう。

保護者にアドバイスする際には、どのような文章を音読すればよいのか、どのように練習すればよいのかを具体的に伝えることが大切です。この節で紹介した方法をお伝えするとよいでしょう。忙しい保護者には、無理のない程度に取り組んでもらえるようにお話しすると、気持ちに余裕を持って取り組んでいただくことができます。

4 「わたし、もう漢字読めるんだよ！」この教材でスラスラ読めるようになる

㈠ 漢字は、「読み」を先に教える

小学一年生の教科書では、漢字は二学期から登場する。

小学校での学習は、読みと書きを同時に教えていく「読み書き同習」で、指導が進んでいく。

この指導方法が、子どもたちの学習として適切なのか。

石井式漢字教育を提案している石井勲氏は次のように述べている。

> 私どもの教育実践の結果からは、幼児にとって、書くことは読むことにくらべて、たいへん難しいことがわかっています。また、書く場合も、曲線の多いひらがなよりも、直線の多いカタカナや漢字のほうがやさしい、ということが明らかです。
> 結論から申しますと、幼児にはまず読みかたを先に教えます。そして、自然に頭の中にその字の図形が浮かんでくるようになってから（図形認識）、字を書かせます。こうすると、短時間できれいな字が書けるようになります。
> （http://www.isiisiki.co.jp/hoshiki/index6.html　より）

まずは、就学前から漢字の読み方を教えておくことが、漢字に興味をもたせる秘訣である。

以下、子どもたちが興味をもって漢字を読めるようになる方法・教材を紹介する。

㈡ かるた遊びを活用する

子どもが食いつくのはなんといっても楽しいことだ。ゲーム性のあるものでどんどん進めることができる。例えば、「かるた」である。用意するものは以下の通りである。

(1)名刺サイズの厚手の紙
(2)国語の教科書、または、学年別漢字配当表(文部科学省)
(http://www.mext.go.jp/a_menu/shotou/new-cs/youryou/syo/koku/001.htm)

「漢字」を書いた面の裏に「読みがな」を書く。

可能であれば、一〇枚とか二〇枚ごとに色を変えておくと、種類別のまとまりを作るときに便利である。

次のようにして遊ぶとよい。

(1)全てのかるたを「漢字」の面を表に並べる
(2)声に出して読みながらカードを裏返していく(二人以上のときには順番に行う)
(3)読み方が合っていたカードと、間違えてしまったカードとを分けておく
(4)間違えてしまったカードだけ集めて、読み方を覚え直す
(5)覚えたら、間違えたカードだけ、もう一度「漢字」の面にして読んでいく
(6)カードが無くなるまで(1)~(5)を繰り返す

覚えたらどんどんカードを減らしていけるので、成果が目に見えて分かりやすい。達成感が得やすいので、漢字が好きになったり、さらなる意欲に繋がっていく。学年に関係なくどんどん進めることができ、読むことを先行するため、他の知識の獲得の際に「読めること」が有利に働く。

㈢ 漢字指導のポイントとおすすめの教材

漢字指導で難しいのが「実物」と「文字」をいかに結びつけるかである。

なるべく、子どもがすぐに興味をもち、その後も何度もやってみようとするものを使うとよい。

漢字がまだ読めない子どもや、漢字が苦手な子どものために作られた教材もある。


輪郭漢字カード(教育技術研究所 https://www.tiotoss.jp/products/detail.php?product_id=67)

この教材は漢字がまだ読めない子どもや、漢字が苦手な子どものために作られ、発達障害の専門家から「記憶」という観点でも評価されている教材である。この教材の効果的な活用の仕方を紹介する。

①後ろから前へ

カードを重ねて持ち、一秒に一枚くらいの速さで後ろから前へめくって読んでいく。

まずは、絵の面から始め、次に漢字の面でも同じようにやってみる。

②回転

絵の面を見せて読み、次に素早く手を返して漢字の面を見せて読む。

それらを続けてもう一度行う。つまり、絵の面→漢字の面→絵の面→漢字の面というようにする。それぞれの面で一秒ずつ、合計四秒ほどでできる。

③○○はどっちかな?

絵の面にしたカードを両手に一枚ずつ持ち、「○○はどっち?」と聞いてみる。
絵の面ができるようになったら、漢字の面でもやってみる。

【保護者へアドバイスするときのポイント】

小学校に入学する前ならば、「まず読み方を教えると、子どもたちは漢字に興味をもちますよ」ということを、保護者に伝えましょう。漢字の読みを教える場合は、前述したかるたや輪郭漢字カードを紹介するとよいでしょう。

入学後、「漢字の読み書きができない」という相談があった場合は、保護者の不安に共感することが大切です。その上で、「無理に練習をさせるよりも、カードや絵本を使って、楽しみながら漢字を読ませるようにすることから始めましょう」とアドバイスするとよいでしょう。漢字に興味をもつようになれば、少しずつドリルなどを使った学習に移行していくようにするといいです。

5 今が文字を書くための最適期！「書き」の練習は「指」から始めよう

(一)「書き」の練習の最初は、「指」が基本

小学校入学を目前に控えると、保護者は様々なことに不安を覚える。

特に、「ひらがなの読み書き」については就学前までにできるようにさせて、小学校に入れたいと思っている。

下の円グラフは、「子どもがひらがなの読み書きを覚えられるように、何かしていますか」というアンケートの回答である。

三〜五歳の保護者の八〇パーセントが、ひらがなの読み書きを練習させていることが分かる。

では、ひらがなの「書き」を、どのような方法で教えているのだろうか。

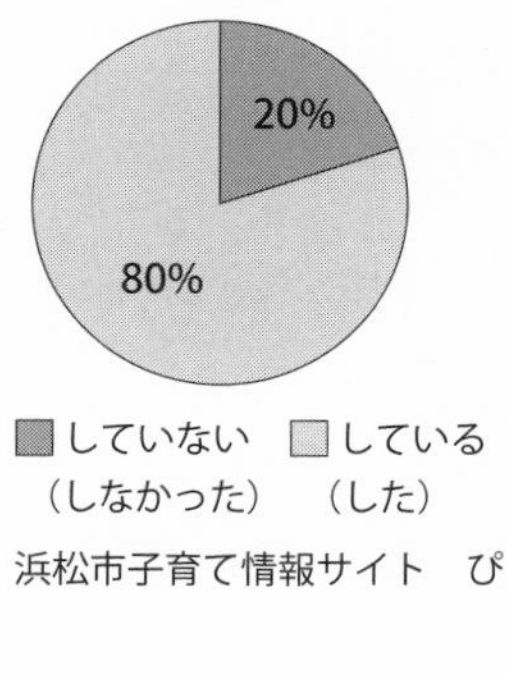

出典　浜松市子育て情報サイト　ぴっぴ

プリントやノートを使って、たくさん書く

この方法で文字を覚えた人もたくさんいるだろう。

ただ、就学前の子どもたちにとって、好きでもないことをたくさんやらされることほど嫌なことはない。

できれば、少ない労力で確実に覚えさせたい。

文字指導で有効な方法の一つが、

指書き

である。

指で書いて覚えることには、次のようなよさがある。

①学習効率がアップする

下の絵は、人間のどの部分が脳と深く関わっているかを示したものである。この絵から分かることは、「人差し指」が脳と深く関わっているということである。

指書きは、人差し指を使って行う。あわせて、もう一つ深く関わっている口を使って、「いち、にー、さん」と筆順を言う。

つまり、指書きは脳にダイレクトに刺激が伝わる。学習効果は鉛筆やペンでたくさん書くことよりも効果が高いと言える。

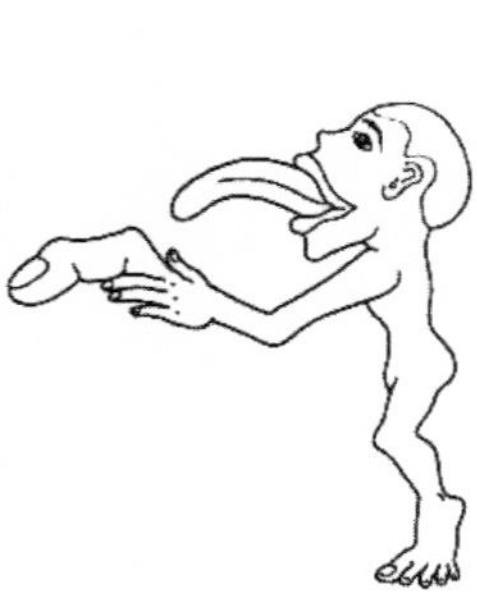

②失敗体験が少ない

就学前の子どもたちは、失敗するのが苦手である。一度失敗すると、次からは、「嫌だ！」と言って、なかなかやろうとしなくなる。この状態を元に戻すまでに、莫大な労力を要する。

文字指導も同じである。鉛筆で一度書いてしまうと、間違えたときに消しゴムで消さなければならなくなる。

指書きなら、次のようになる。

指で書くので、間違えても消す必要がない。だから、失敗だと感じない

この学習法は、発達障害の子どもたちにも有効な方法である。

㈡ 効果的な教材を使用する

前述の指導をシステムとして取り入れたひらがな教材がある。

あかねこひらがなスキル（光村教育図書）

「あかねこひらがなスキル」は、教材の使い方として、次の三つが明確に示されている。

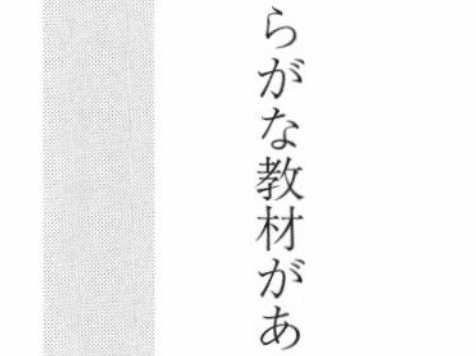

出典　浜松市子育て情報サイト　ぴっぴ

(1)ゆび書き　……初めて出てきた文字を、「筆順」を見ながら、机の上に指で練習させる
(2)なぞり書き……指書きができるようになったら、「薄い文字」の上を鉛筆でなぞらせる
(3)うつし書き……なぞり書きをしたら、「白いマス」に書かせる

ただ漢字を覚えるより、効率的な覚え方を身につける方が、後々何倍も差が出てくるということで、他

のひらがな教材よりも「あかねこひらがなスキル」の方が注目されるようになってきている。

しかし、正しい使い方を理解していないと、これまで通り、ただ漢字を練習することになってしまう。逆に、使い方をしっかり押さえていれば、「あかねこひらがなスキル」の使い方を身につけて効果的に学習することができるようになっていく。保護者の方にも知ってもらうと、家庭学習の効果が高まる。

指書き指導には三つの原則がある。


【指書き三原則】
(1)指のはらを、机にしっかりとつける
(2)手には、他のものを何も持たせない
(3)とめ、はね、はらいをきちんとさせる

指書きを五〜一〇回行うと、頭にひらがなの形がイメージできてくる。

イメージができた段階で、初めて鉛筆を持って「なぞり書き」を行う。この段階では、既にひらがなの形を整える作業に入っているのである。どの段階も、画数を声に出して練習を行うようにする。これは、できるだけ多くの感覚を使って脳に大切な情報だということを伝えておくことがポイントになる。


【保護者へアドバイスするときのポイント】

様々な研究から、ひらがなの書きはじめの最適期は、四〜五歳ごろと言われています。だから、就学前にひらがなの練習をさせることは、理に適っています。幼稚園や保育所では、「ご家庭でもひら

がなが書けるように応援してあげてください」と保護者に伝えることが大切です。その際、漢字をノート一ページ書かせるような方法ではなく、「指書き」をおすすめしましょう。前述した指書きのよさや効果を伝えれば、保護者の方も納得して取り組んでくれるはずです。

入学段階でひらがなが書けない子の場合、保護者の不安はより一層大きくなります。その不安に共感しながら、学校と家庭が協力して、指書きを中心としたひらがな指導を行う必要があります。

6 □や○や△が書ければ、ひらがなや漢字は書けるようになる

㈠ 発達を知れば指導は変わる

小学校に入学してきて、ひらがなが書けない子がいる。一年生の段階でひらがなが書けないと、保護者の多くは心配になるだろう。

このような子どもたちにどのような指導が必要なのだろうか。

指導の一つの指針になる検査がある。

視覚運動総合検査VMI

この検査は、図形の描画と発達との関係が分かる検査である。

なぜ、このような検査が指標になるのだろうか。ひらがなは「直線」「曲線」「交差する線」など、様々な線で構成されている。よって、次のような視点が必要になる。

どのような線が書ければ、ひらがなが書けるのか

ひらがなの構成に必要な線を全て書くことができれば、ひらがなを書くことができる。逆にいうと、必

要な線が書けなければ、ひらがなを書くことはできないということだ。

ひらがなを書くためには、少なくとも次の六つの形が書けなければならないと言われている。

(1)○（三歳二ヶ月）
(2)＋（四歳一ヶ月）
(3)□（四歳六ヶ月）
(4)×（五歳〇ヶ月）
(5)△（五歳三ヶ月）

※（　）は習得予定年齢

このように、それぞれの線や形が、何歳何ヶ月で書けるのかが、既に分かっている。△が書けるようになるのは「五歳三ヶ月」である。だから、小学校入学前から「ひらがなを書く」練習するのは、理にかなっていると言える。

(二)どんな練習をすればいいのか

教科書の構成を見てみる。いきなり、ひらがなを書かせるようなことはしない。これは、ひらがなは線の集合体という概念があるからである。このような視点があれば、家庭で取り組む学習も変わってくる。

おおよそ、次のステップで練習させる。

(1)線を、指でなぞる

(2)線を、鉛筆やペンでなぞる
(3)なぞったあとに、自分で写し、練習する

練習させる線は、何でもいいわけではない。順序がある。

最初は○のような「曲線」からスタートし、＋や□の「まっすぐの線」、そして×や△の「斜めの線」を練習させる

次のような教材も有効である。

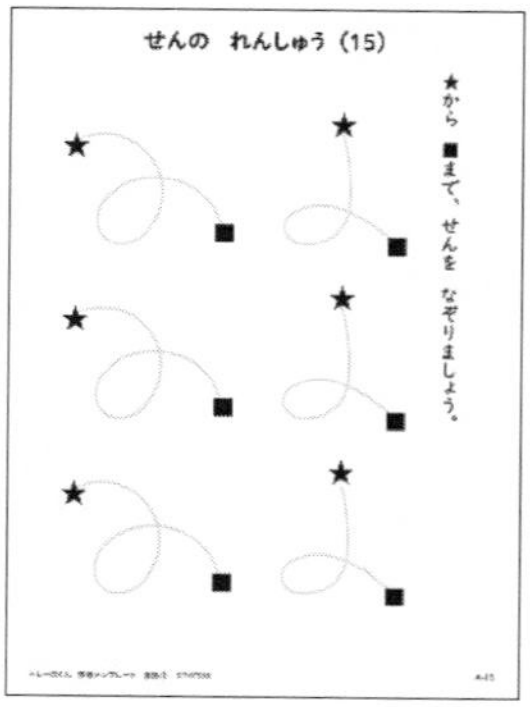

学習用テンプレート

トレースくん(東京教育技術研究所　https://www.tiotoss.jp/products/detail.php?product_id=2946)

ファイルにB5判の学習テンプレートを挟み、市販のホワイトボードマーカーとホワイトボードイレイザーを使って運筆や文字などの書き方を学習することができる優れた教材である。

鉛筆よりも少ない力で書くことができ、間違えてもすぐに消して何度でもやり直しが可能である。

就学前の子どもたちには、このような成功体験を保証する教材を使って、書くことを好きにさせていくことが大切である。

(三)漢字も線や形の集合体

一年生になると、漢字の練習も入ってくる。

漢字を書くためには、どのような線（形）を書くことができればよいのか。

漢字を書くためには、◇が描けなければならない

◇が描けるようになるのは「八歳七ヶ月」である。このことを知っているだけで、一年生の子どもにとって漢字は難しいということを、保護者は理解できるのである。

【保護者へアドバイスするときのポイント】

「とりあえず、たくさん書かせれば覚えるだろう」という考えでひらがなを書かせると、子どもはひらがなの勉強が嫌いになってしまいます。

保護者には、「まずは○をかけるように練習させてください。できるようになったら、＋や□がかけるように応援してあげましょう」と、具体的に何をすればよいかを伝えるとよいでしょう。やみくもに書くのではなく、順を追って練習させることで、より効率的に早くひらがなを習得できることを伝えれば、保護者も安心します。「線や形の『なぞり』→『写し』を練習して、できたことを褒めるようにすることをおすすめするとよいでしょう。

7 「あ」から練習するのはナンセンス ひらがなの「書き」を教えるベストの方法

(一) ひらがなをいつから教えているか

「ひらがなをいつから教えるのか」ということは、保護者にとっては気になることだ。

親なら、「小学校に入学した段階で、他の子と差がある状態にしたくない」と誰もが思う。

二〇一四年、小学館集英社プロダクションが行った調査では、就学前に学習の準備をしたと回答した家庭は八八パーセントだった。

その中でも、最も多いのが「ひらがなの学習」である。

調査によれば、ひらがな学習の開始時期は以下の通りだった。

(1) 年少よりも前：一四・五パーセント
(2) 年少から　：二八・一パーセント
(3) 年中から　：三二・五パーセント
(4) 年長から　：二四・四パーセント

ひらがなの学習を開始した時期はそれぞれ違うが、多くの親が「小学校入学までにひらがなの学習をスタートさせている」と言える。

Q. 小学校入学に向けて学習準備を行っていましたか。

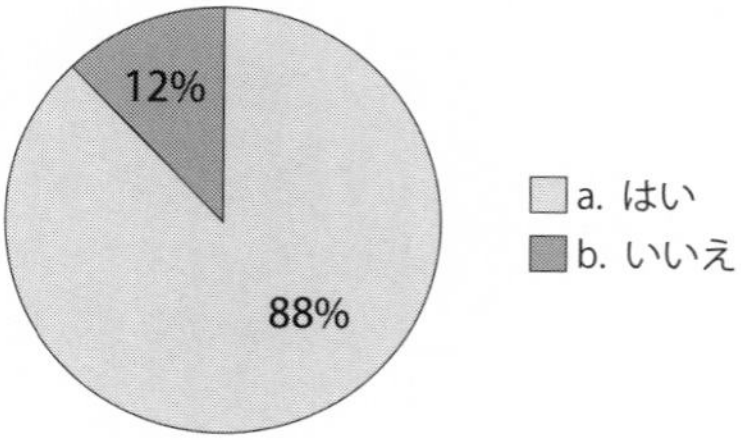

幼児期の子どもは、周りの会話や読み聞かせによって言葉を習得する天才と言われるが、早ければ早いほどよいというわけではない。それぞれにベストな時期がある。

前述の調査結果によれば、次のような子どもの変化が起こったときに、学習をスタートさせている。

第一位　自分の名前を書きたがるようになった
第二位　生活のいろんな場面で文字を読みたがるようになった

大切なのは、子どもに「ひらがなを覚えたい！」という気持ちをもたせることである。そのため、そういう気持ちをもってくれるようなサポートを親が働きかけることも大切だ。例えば、次のようなことは年齢に関係なくできることである。

(1)絵本の読み聞かせをする際に、文字を指でたどりながら読む
(2)お風呂に「あいうえお表」を貼っておく

働きかけに子どもが反応したら、それがひらがなの練習を始めるベストな時期と言える。

(二)どの順番で学習するか

ひらがなの学習を始めるとき、どの文字から始めるのか。親は、五〇音図の順に教えようと考える。しかし、五〇音図の最初の文字は「あ」である。「あ」は、①画数が多く、②線が交差し、③曲線を使う、

という意味で、ひらがなの中でもかなり難しい文字の一つである。

それを最初に習うというのは、子どもにとってハードルが高く、「ひらがなは難しい！」とインプットされてしまう。最初から失敗体験となり、自己肯定感が下がる。ひらがなを学習する意欲が下がってしまう。

では、どの文字から教えるのがよいのか。就学前の子どものひらがな指導を研究していた須田清氏は著書『かな文字の教え方』の中で、次の手順で教えるのが最もよいと書いている。

あ

2．文字指導

①文字の必要性への気づき、②「く」の字の観察と書く練習、③「く」を語頭にもつ単語の学習、④「り」「こ」の学習（須田清『かな文字の教え方』麦書房、一九六七年、二一六－二四三頁より羽山裕子氏が作成）

須田氏がこの順にした理由は、「発音しやすいということが前提条件にあり」「字形のかんたんなもの」から教えると書かれている。その後、「し」「つ」「へ」の指導へと進み、むすびが入った文字や「け」「は」のような紛らわしい文字へと進んでいく。文字の指導も、「易から難へ」と進むようにするのが、効果的な教え方である。

簡単な文字から学習させることで、自己肯定感が高まり、ひらがなを自ら練習するようになる。

㈢ ひらがな練習のコツ

ひらがなを書くことは、大人が考える以上に難しい。

子どもが、ひらがなを書くことに楽しく取り組むためには、ひらがなを書くリズムも大切にしたい。
例えば、「こ」を教えるとき、「いーち・に」と筆順を唱えながら紙に大きく書くことが効果的だ。
しかし、「ま」という文字は、横から書くのか縦から書くのか迷いがちである。

この場合は「いーち・にーい・さーん」と画数を唱えるのではなく、「よこ・よこ・たーて・ぐるん」と、書く向きや形を合体させて唱える

口で唱え、身体を使っているので、多感覚を活用することになる。
また、筆順を唱えるよりも、「よこ・よこ・たーて・ぐるん」の方がイメージしやすい。
就学前の子どもたちの文字指導にも、有効な学習法である。

【保護者へアドバイスするときのポイント】

他の子が学習していることを知ると、親なら誰しも焦るものです。不安になって相談してきた保護者の話をよく聞くことが大切です。その上で、絵本を読み聞かせたり、お風呂にあいうえお表を貼ったりするとよいことを伝え、「お子様がひらがなに興味をもつまで、焦らずに待ちましょう」とアドバイスしましょう。

保護者との連携を密にし、子どもがひらがなに興味をもったときに、前述した具体的な書きの練習法をお伝えしましょう。焦らず、できたことを褒めることで、子どもはひらがなの練習が大好きになります。

8 本読みが苦手と分かったら……目の機能を鍛えてみよう

(一) 視覚機能が弱い子は、本読みが難しい

本読みが苦手な子の中に、目の機能が弱い子がいる。彼らに見られる問題として、次のようなことが挙げられる。

(1) 一日のスケジュールカードに書かれた内容を読み間違える
(2) お絵描きなどで見たままの状態で絵を描くのが苦手
(3) 絵本を読むとき、文字や行を読み飛ばしてしまう
(4) 定規のメモリがうまく読めない
(5) ひらがながなかなか覚えられない
(6) 簡単な数字の問題が苦手

ビジョントレーニングとは、両目で見る機能を高めるトレーニングである。

「見る」ということは、視力以外に様々な機能を使用している。例えば、自由自在に目を素早く動かしたり、目から取り込んだ情報を正しく頭で処理したり、またそれらの情報に合わせて体の動きを調節したりするなどである。これらの課題に困難さがある場合は、ビジョントレーニングを行うことで軽減できる可

能性がある。

二次的な問題として、全体的に運動に不器用さが見られることが特徴として挙げられている。体の緊張の高さや、姿勢の悪さ、書くときの筆圧が強さや弱さなどである。例えば、国語の授業の音読の活動をとても苦手としていたり、音読の際、声を出さずに口だけを動かしている様子が度々見られるなどである。また、国語のテストを受ける際、問題が読めずに泣き出してしまうこともある。

子どもたちがものを見る仕組みを改善していく具体的なビジョントレーニングを紹介する。

(二) ビジョントレーニングを取り入れよう

療育や民間の施設に通わなくても、普段の生活の中で少し工夫をすることによって、「見る力」を鍛えることは可能である。ここで紹介するのは、「見る力」を養うために挙げられるもののほんの一部だ。

家庭で少しずつ、できれば毎日子どもが取り組める環境を作るようにするのが望ましい。

①眼球の動きを鍛える運動

例えば、定規の両端と中心に貼ったシールを目の前で水平に持って、大人の指示に従って交互に見ていく。シールは両端が赤、真ん中は青にして指示が分かりやすく通るようにすると、集中力を妨げずに済む。

最初は指さしをしながら取り組み、徐々に指を使うことなく、目だけでポイントを追えるように行っていく

一つのポイントに焦点を合わせたり、同時に二つのポイントをとらえたりする動作を行っていくことで、ピントを合わせる力を養うことができる。

近くでより目をしたり、離して見たりするトレーニングは、「忍法、より目！」などと掛け声をかけて何かになりきったりすることで楽しく行うことができる。

②眼球の焦点を合わせる運動

縦と横に文字が羅列してあるものを用意する。子どもは左端と右端の文字だけを声を出して読む。こうすることによって、他の文字にとらわれずに、注目したい文字だけに焦点を合わせていく。

子どもが楽しく取り組むためには、「ドロボーからの暗号文書！」などというタイトルをつけて文章を作成して机の上に置いておき、解読ができたらご褒美をあげるなどするのも効果的だ。子どもが興味をもちそうな題材に置き換えてみるなど工夫を行ってみるのもよい。

③矢印を追い掛ける運動

「→↓←↑」などと矢印がランダムに描かれた紙を使用してトレーニングを行うことができる。

二人組となり、一人が上記の矢印が描かれた紙を持ち、指差していく。もう一人は、指差された矢印の方向に動く。「↑」だとジャンプする、「↓」だとしゃがむ、「→」だと右に一歩ずれる、「←」だと左に一歩ずれる、というように目で見た通りに体を動かすような練習をする。例えば、

一分間フラッシュカード「視知覚トレーニング編」（二）「おなじむきに てをのばそう」
（教育技術研究所 https://www.tiotoss.jp/products/detail.php?product_id=2317）

などを取り入れると、より効果的である。

③トランポリン・アスレチック・平均台などで遊ぶ（目と体のチームワーク）

耳の中の前庭感覚という身体の傾きを把握する器官の問題とあわせて、目と体の連結の力を鍛えることができる。目で見た情報から、位置や傾きなど体の状態を把握し、動きを調整していく力が鍛えられる。トランポリンは、ジャンプしているとき、自分が今どの位置にいるかをまず目で見てとらえる。そして、例えば右にずれていると、左側に体をずらして修正をすることが必要となる。

何度も飛び跳ねる中で、目で見て、ずれている分だけ体の動きを修正することを自然に繰り返すことになる。こうすることで、バランス感覚が自然に鍛えられていき、目と体の連結の力が強くなる

「目で把握し、体を調整する」という手続きを含む遊びはトランポリンだけではなく、アスレチックや平均台なども ある。身体を使った遊びは全て「見る力」を鍛えるよい素材となる。

【保護者へアドバイスするときのポイント】

文字を読み飛ばす子は、視機能に問題がある場合が多いです。「うちの子は視力がいいから大丈夫」と考える保護者もいますが、「視力と視機能は全く別である」ことを伝える必要があるでしょう。

視力は右左それぞれの目がどれぐらい見えているのかを測定するのに対して、視機能は両目の眼球がどれぐらい動いているのかを調べます。だから、視力がよくても、視機能に問題がある子がいることを知っておきましょう。

視機能に問題があることが分かったら、前述したビジョントレーニングを紹介し、家庭で「毎日五分程度」続けてもらえるようにお願いするとよいでしょう。

第2章

小一のスタートダッシュはこれでバッチリ！

家庭でできる〝計算力〟をつける秘訣

1 算数ができる子は「量感」が育っている！今からできるトレーニング

(一)「量感」とは何か

小学校のテストに、次のような問題が出る。

次の（　　）に当てはまる単位を書きなさい。
(1) はがきの横の長さ……10（　　）
(2) プールの縦の長さ……25（　　）

このような問題に苦戦する子は、「量感」が育っていないのである。
量感とは「ある量の大きさの見当をつけるための感覚」と言える。
算数の教科書会社、啓林館のホームページにある算数用語集では、以下のように説明している。

計器を使わずにある量の大きさの見当をつけたり、ある単位で示された量が実際の物でどれくらいの大きさになるかの見当をつけたりするための、およその感覚を量感といいます。／量感は、計器の選択を適切にしたり、計器の目盛りの読み誤りを直観的に判断したり、日常生活を合理化したりするために、大切なものです。

（啓林館HP「算数用語集 量感」より https://www.shinko-keirin.co.jp/keirinkan/sansu/WebHelp/ 検索で「量感」と入れると出てきます）


「量感」は、小学校の授業の中でも繰り返し指導される。しかし就学前からでも「量感」を育てることは可能であり、できれば低学年のうちに、長さ・重さ・角度の三つの量感は育てておきたい。

(二)二種類の量感を意識する

「量感」には、二つの種類がある。

(1)相対的な量感
一つの基準から、回りのものの大きさ・重さ・長さなどを類推する感覚。

(例)五〇〇ミリリットルのペットボトルを基準にして、缶コーヒーのかさを予測する　など
(2)絶対的な量感
基準はなく、何もない状態から大きさ・重さ・長さを類推する感覚。

(例)一メートルを両手で広げて作ってみる、斜め四五度を作る　など

同じ量感ではあるが、感覚としては大きく異なる概念である。

当然、この二つの量感の両方を育てることを意識していなければ、子どもの量感は育たない。

(三) 量感を鍛えるための方法

「量感」を育てるために最も大切なのは、次のことである。

できるだけたくさん経験させる

量感を育てるためには、重さや長さを測ったり、水を入れてみたりするなど、数多く経験をさせることが大切である。では、子どもたちの量感を、どのような方法で育てるか。

① 食事の準備のお手伝いをさせる

食事の準備のお手伝いは、「量感」を育てるために最適である。例えば、次のような場面で「量感」を育てることができる。

(1) コップにお茶を注ぐ
(2) ごはんやみそ汁をよそう

コップにお茶を注ぐことで、かさや重さの量感を経験することができる。ごはんやみそ汁をよそうことで、量の大小を経験することができる。

食事の準備のお手伝いを毎日すれば、量感に関する子どもの経験値は一気に増えていく。

② 大人が繰り返し質問する

就学前の子どもたちに様々なことを経験させるためには、周りの大人の働きかけが大切になる。

量感を育てようと思うなら、親や教師が量感を育てるための質問をする必要がある。

(1) 一〇センチメートルって、どれぐらい？　手でやってみて
(2) 赤いひもと青いひも、どっちが長いと思う？
(3) ペットボトルと缶、どっちの方が水がたくさん入ると思う？

このようなことを繰り返し聞くことで、子どもたちの量感は育っていく。

日常生活の中で、子どもの経験値を増やすことはいくらでもできる。


【保護者へアドバイスするときのポイント】


まず第一に、「身近なものと関連づけること」が大切です。

例えば、長さならば、体の一部と関連づけるのがよいことを伝えましょう。

次に、量感を身につけるために大切なことは、たくさんの経験をさせることです。

食事の準備や質問など、親にとっては余計に手間のかかることになりますが、子どもたちはこのような経験の中から量感を獲得していきます。

子どもが自分から「やりたい！」と言ったときは、喜んでやらせてあげましょう。親が喜んであげると、子どもはもっといろんなことにチャレンジするようになります。

2 数感覚が算数の学習の基本 数字が読めることよりもこっちが大事!

(一)「数感覚」とは何か

小学校で算数の学習が始まると、次のような子どもの存在に気づくことがある。

・一から一〇〇までを数えることはできるのに、数の大小が分からない
・足し算や引き算の計算はできるのに、どちらがたくさん水が入るかなどが分からない

「算数ができる」というのは、数を数えたり、計算ができたりするだけではない。複数のものを比較し、「どちらが大きい」とか「どちらがたくさん入る」といったことが、パッと見て分かる力が重要である。

このような数や量に対する基本的な感覚を「数感覚」と言う。

数感覚が育っている子どもは、計算した答えが明らかに違うことを直感的に理解することができるため、計算ミスに気がつき、修正することができる。

上原隆司氏(名古屋短期大学准教授)は、「人間は生まれながらにして数感覚をもっており、四~五歳頃までに育てることが大切である」(名古屋短期大学研究紀要 第55号2017「幼児の数量的能力とその発達に関する考察」)と述べている。

数感覚は就学前に育てておくことが大切と言える。

(二) 数感覚を育てる方法は、「日常生活」にある

数感覚を育てる方法は、実は日常生活にある。

①「あと片づけ」をさせる

あと片づけをさせることは、実は数感覚を育てている。

例えば、あと片づけをさせるときに、親は次のように言う。

「ブロックは、この箱の中にしまいなさい。絵本は、この本だなに入れるんだよ」

これは、同じ種類のものをグルーピングする活動である。

小学一年生の算数の最初の単元で、「うさぎさんを○で囲みましょう」といった学習が出てくる。

片づけも数感覚を育てる学習の一つである。

②具体物にたくさん触れさせる

就学前に、具体物を使った学習を取り入れる。

例えば、「あめが六個あるよ。あなたと○○ちゃんの二人で、けんかしないように分けてごらん」というと、それだけで算数の学習になる。

小学三年でわり算の問題が出てくるが、そのときは具体物を使って学習することは少ない。

就学前だからこそ、具体物を使った操作活動をたくさんさせておくことが大切である。

③トランプを使って遊ぶ

トランプは特殊なルールが無くても、その特性に着目するだけで遊べる。赤と黒のカードがあり、マー

クは四種類あり、それぞれが1~13までの数を表現している。

トランプを使って遊ぶ中で、次のような感覚が身につく。

(1)分類（「赤」と「黒」に分ける、「◇」「♡」「♣」「♠」の四種類に分ける　など）
(2)量の把握（何枚あるか数える、どちらが何枚多いか数える、誰が一番多いかを数える　など）
(3)分配（〇枚ずつ配る、一〇枚の束を三つ作る　など）

トランプを使って楽しく遊んでいるだけで、数感覚が身についていく。おすすめの遊びでもある。

このように、日常生活の中には、数感覚を育てる活動がたくさんある。

大人は、このような数感覚を育てる活動を意図的に組み込んでいくことが大切である。

㈢数感覚トレーニング

もちろん、数感覚を育てるためのトレーニングを取り入れてもよい。

①百玉そろばん

百玉そろばんは、数感覚を育てるために有効な教材である。

例えば、「数唱（数を数える）」。

百玉そろばんを使えば、「一、二、三……」と数えると同時に珠が一つ動く。

「二とび」ならば二つ、「五とび」ならば五つの珠が同時に動く。

この活動を通して、数字と量感がマッチする。毎日五分間行うだけで、子ど

もたちは数感覚を身につけていく。

前頁の写真は教師用だが、子ども用の百玉そろばんも販売されている。子ども用ならば、家庭で親が教えることも可能である。

百玉そろばんは、数感覚を育てるマストアイテムである。

②粗大運動を使った数の学習

アメリカの学術論文“Motor-Emrichad Leaning Activities Can Improve Mathematical Performance in Preadlescemt Children Mikkel M.Book, Rume R.Lind Svend S. Greertsem, Christian Ritz, Jesper Lumdbye-Jensen and Jacob Wilnecke”はエビデンスをもって次のように主張している。

運動を豊かに取り入れた学習活動は、幼児期の子どもたちの数学的なパフォーマンスを改善することができる。

例えば、5の合成「2＋3」ならば、下のようなドッツの二つに足を置き、「2＋……」と言い、次にケンパーの要領で3に足を置き、「3＝5」と言う。

微細な運動ではなく、粗大運動を取り入れて学習することで、数感覚が身についていく。

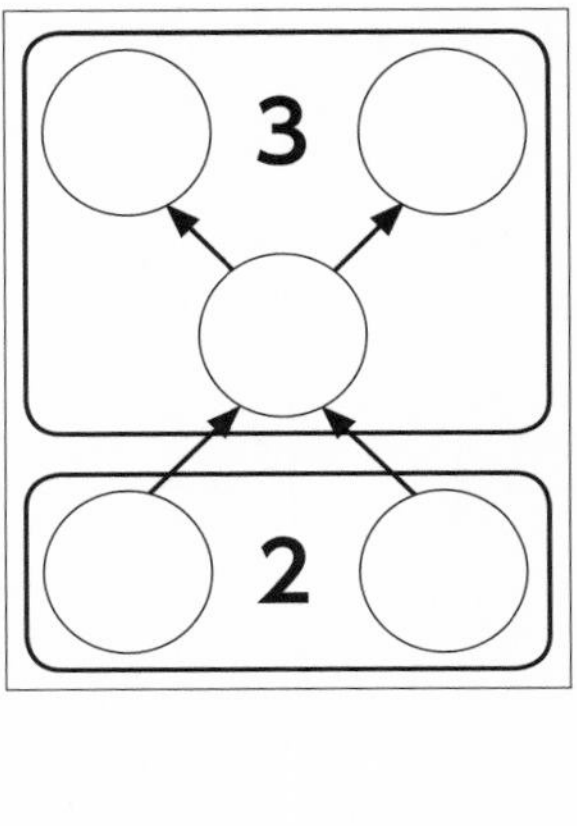

【保護者へアドバイスするときのポイント】

算数の学習で大切なのは、数感覚です。数感覚を育てるためには、具体物を使って教えるのが最も効果的です。例えば、指を使って「いち、に、さん……」と数を数えることも、具体物と数をつなぐための大切な学習になります。他にもブロックや子ども用百玉そろばんを使って、「三個とって」や「五個動かして」など問題を出すことで、数感覚を養うことができます。

いきなりたくさんの数を扱うのではなく、最初は「五個以下」から始めて徐々に増やしていけば、子どもは楽しく取り組むことができます。

3 子どもを買い物に連れて行こう!「お金」にたくさん触れさせることで勉強が得意になる

(一) 買い物は学びのチャンスにあふれている

初めての買い物をさせるのに適したタイミングは、地域の状況や個性などによって様々だ。これが正解というタイミングはない。

〇~一歳は「五感を使って確かめる時期」
一~三歳は「保護者がお手本になる時期」
三歳からは「社会に出ていくきっかけをつくる時期」
(保育所保育指針解説書(厚生労働省))

とされている。二歳くらいになると買い物ごっこで遊ぶ子どもも多い。それが三歳を過ぎると、実際に外の世界でもやってみたいという興味を抱くようになってくる。

とはいえ、テレビ番組のように三歳でいきなり買い物に一人で行かせることはやめた方がいい。番組では大勢のスタッフが陰で見守っているが、現実には危険が沢山ある。守ってくれる人がいないからだ。

買い物への第一歩は「お手伝い」。まずは、「玄関から新聞をとってきて」「あっちの部屋からじゃがいもを三個とってきて」などから始めるのがよい。

(二) 買い物での学びは、これだ！

子どもにとって「一人でできた！」という達成感、そしてそれを保護者に褒めてもらえることは、とても嬉しいものだ。買い物に限らず、子どもは買い物の体験をすることで自信をつけたり、自己肯定感を高めたり、責任感を養ったりすることができる。

その中でも買い物には、次のような「学び」のチャンスがたくさん詰まっている。

① 数の概念が身につく

買う物の個数やそれぞれの商品の値段、合計金額など、買い物をするときはたくさんの数を扱うことになる。小学二～三年生になると三桁や四桁の足し算・引き算も学習する。一〇〇〇を超えるような大きな桁の数は日常ではなかなか実感しにくい。それを、買い物では「トマト一袋とお肉で一二〇〇円なんだ」といった具合に身近なものとしてとらえられる。

② 金銭感覚を養える

小学二年生くらいから、買い物の支払いまで任せてもいい。まだ自分で金額を計算するのは難しいかもしれないが、ちょっとしたおつかいで扱うくらいの金額なら、数の大小などが把握できてくる年頃なので大丈夫だろう。最近では、電子マネーやクレジットカードなどでの支払いも多いがまずは、実物のお金を使わせる方がいい。

紙幣と硬貨ではどちらに価値があるか、お金がどうやり取りされるかといったことは、カードでは分からないし、伝わりにくいからだまた、例えば一〇〇〇円札を持たせたら、子どもは一〇〇〇円以内でどれだけの物が買えるのかを考える。そうすることで、金銭感覚を養うことができる。

③家族やお友だち以外の人とのコミュニケーション

買い物をするには、店員さんとやり取りをする必要がある。支払いのときだけでなく、商品の置き場所や、種類を尋ねることもある。このように、買い物を通じて家族や先生、友だち以外の人とコミュニケーションをとることを身につけることもできる。

㈢まずは「部分的なおつかい」から始める

買い物やおつかいは、「一人でするもの」とイメージしがちだが、最初から一人にする必要はない。保護者が一緒にいるときに、「部分的なおつかい」から徐々に慣れさせるとよい。

①おつかいの初歩はお手伝い

「テーブルの上にはしを並べて」や「ポストから新聞を取ってきて」などから始めて、いざ家の外に出るのは「お隣にお届け物を渡してきて」程度が適当だ。

おつかい＝買い物ではない。お隣までのお手伝いも立派な「初めてのおつかい」である

こうして少しずつ段階を踏むことが大切だ。年齢的には、家族以外の大人ともうまくコミュニケーションを取れるようになる五・六歳の年長さんぐらいからがよい。お店で買い物をするというい わゆる「おつかい」は、家の中でのお手伝いができるようになってから、ようやくこなすことができる「家から距離の

あるお手伝い」なのだ。

②一緒に行ったときに少しお使いをさせる

例えばスーパーマーケットに一緒に行き、「食パンを一袋持ってきて」とお願いする。それができたら、次は「五〇〇円で買えるお肉を探してきて」「サラダに使うお野菜と牛乳をレジまで持って来て」といった具合に、徐々にお願いを難しくしていく。一つ達成できたら、その都度褒める。

広い店内なら、保護者も店内の遠くから見守ることができる。これに慣れてきたら、ショッピングモールなどに範囲を広げてみてもいい

こうして慣らしていけば、いずれは子ども一人でも安心して買い物を任せられるようになる。

【保護者へアドバイスするときのポイント】

買い物は、子どもたちにとって学びの宝庫です。買い物で何を学習させるのか、親は目的をもっておくことが大切です。

買い物をするとき、「いつものお醤油、持ってきて」と、買う物をイメージさせておいて、実際に物を持ってこさせたり、「今日の晩ごはんはカレーライス。何がいるかな」と材料を想像させたりするなど、「イメージと物の往復」をたくさん取り入れるとよいでしょう。また、「一〇〇円以内で、自分の好きな物を買ってごらん」と、金額の上限を決めて買い物をさせることで、金銭感覚を育てることもできるでしょう。

4 1〜100まで数えられますか？数をスラスラ読めるようになる方法

㈠入学前までにいくつまで数えることができればいいか

ある教育サイトに、「数の習得」について次のように書かれていた。

【三〜四歳】 10まで数えられるようになろう
【四〜五歳】 1〜10までの数が書け、30まで数えられるようになろう
【五〜六歳】 足し算・引き算の土台づくりをしよう

このようなサイトは、ネット上に山のようにある。数をスラスラ読めない子どもの保護者がこれを読めば、「早く読めるようにさせたい」と焦るだろう。

では、この情報は事実なのか。次のような論文がある。

3歳児においては、「1」から「10」までの数字をまず読めるようになり、その中でも数の小さい前半の数字の読みがやや先行して進むことが示唆された。
（古池若葉「幼児における数字の読みと書きの発達」（京都女子大学『発達教育学部紀要』第九号、八九―九四頁））

三歳の段階で一〇までは読むことができることが分かっている。数は算数だけでなく、生活全般で使用する。入学前に三〇ぐらいまで数えられる状態になっておくのが望ましい。

(二) スラスラ読めるようになるまでのステップ

①お風呂で一緒に数える

まずは、表を見ながら三〇まで読めるようにすることが大切である。お風呂で一緒に練習する方法は、昔ながらの方法である。一緒に読むだけなら、すんなりできる子どもも多い。いきなり三〇まで読ませるのではなく、「一から一〇まで数えたらお風呂から出よう」などの区切りをつけていくとよい。

(1) 表を指さしながら、親の後について数える
(2) 表を指さしながら、一人で数える
(3) 親と交代で数える

など、読むバリエーションをつけて練習するのもよい。また、数え歌などを活用して楽しみながら数えると、子どももリズムに乗って喜んで覚えていく。

三〇まで覚えることができたら、徐々に数を増やしていくようにする。

②点つなぎ

表を見ながらなんとか数えられるようになったら、次は点つなぎの本を準備する。

雑誌やドリルもあるが、簡単なものならインターネットでもダウンロードできる。字が大きく書きやす

いものがおすすめである。一〜一〇くらいまでの簡単なものから始め、徐々に数字を増やしていくのがよい。

点つなぎをするときのポイントは、次のことである。

点と点をつなぐときに、声を出して数字を読み上げていく

声を出して読むことで、数の数え方を覚えることができる。遊び感覚で点つなぎをしているうちに自然に口からスラスラ数字が出てくるようになってくる。

③百玉そろばんを活用する

百玉そろばんを使って、読む練習をすることも有効である。

百玉そろばんは、数を唱えながら、量感もセットで学習できる優れた教材である。子ども用の百玉そろばんなら安価で、家庭でも使うことが可能である。

一〇〇までの数の数え方を、次の方法で教えていく。

(1) 一〜一〇〇までの順唱
(2) 一〇〇〜一までの逆唱

いきなり一〇〇まで読ませるのではなく、少しずつ数を増やしていく。一〇〇までスムーズに言えるようになったら、今度は、一〇〇から逆に数えるのに挑戦させる。

子どもは、手を動かしているうちに、初めはゆっくりでも徐々に言えるようになっていく。そこを逃さ

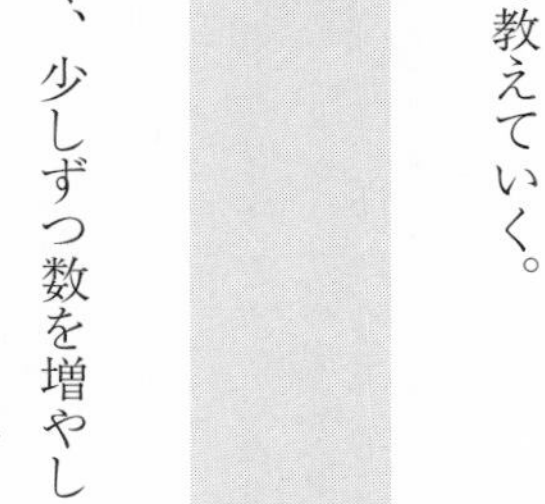

ずに褒めることで、さらに活動に意欲的になっていく。

④遊びの活動に数を取り入れる

子どもが現在、どこまで数字を空で数えられるのかを把握することも大切だ。「〇〇歩でどこまで行けるかやってみよう」などのゲームがおすすめである。

買い物などの外出時に、「今日は〇〇歩（目標歩数）でどこまで行けるか試してみよう！」と言って、一緒に数を数えながら歩く。目標歩数まで達成したら「よく〇〇まで数えられたね」と言って褒める。

粗大運動が算数の学力を向上させることは、科学的に証明されている。歩数を数える学習を行うことで、数字が記憶に定着しやすい。

外出先が異なると、到達できる場所もその都度変わるので、楽しんで取り組める。

最初に「〇〇歩でどこまで行けると思う？」で予想してみるのも楽しい。一〇〇歩達成できたら、おじいちゃん、おばあちゃんなどとおでかけのときに披露するなどすれば、大きな自信にも繋がる。

【保護者へアドバイスするときのポイント】

数の数え方は、一から順に数えるだけでなく、「二とび（2、4、6、8……）」「五とび（5、10、15……）」「一〇とび（10、20、30……）」などでも数えられるようになっておくとよいでしょう。そのとき、お金に換算して教えると、子どもはイメージしやすくなります。「お金で考えるよ。五とび。5円、10円、15円……」のように数えさせると、子どもは喜んで取り組みます。

他にも、「30を言ったら負けよゲーム（複数名で1から順に数字を最大三つ言って、30を言ったら負けるゲーム）」やトランプを使った遊びも、数を読む学習には効果的です。

---

5 他の子を一歩リード！足し算・引き算を攻略するコツ・方法

㈠足し算を教えるポイント

①足し算を覚えるメリット

小学校に入る前から足し算ができれば、算数の授業が楽に取り組めるようになる。また、算数という教科にも興味をもつことができる。さらに、幼児期から計算することで、処理スピードが上がり、集中力も養うことができる。幼児期からの足し算（計算）はいいことづくめである。

②まずは数の理解から

いきなり足し算の概念を教えても、子どもには理解できない。まずは、「数」とはなにか、を分からせるようにする。そのためには、物を使うのがよい。例えば、あめ玉を二個テーブルに置き、「二つ」と声に出す。物の数を変えて、その数を言う。これを何度も繰り返すうちに、数を理解していく。このとき、形や色が同じ物を使うようにすると、子どもが混乱せずにすむ。また、身の回りにある数字を見ながら声に出して言うのも、数字の理解を深めるのに役立つ。すぐに始められる。

③和が一〇までの足し算から始める

最初から繰り上がりの足し算をしてしまうと、難しく感じてしまう。ひょっとすると、算数が嫌いになってしまうかもしれない。

最初は、和が一〇以下になる足し算から始めるのがよい。「1＋5」「3＋4」などである。物やおもちゃを使うのがよい。

物を使えば、視覚的に見て具体的な物の数と数字を一致させることができる。使う物は、おはじきやあめ玉などがおすすめである。なるべく同じ形の物を利用する方がよい

また、足し算に対応した算数の教材を使うのもおすすめである。百玉そろばんや知育玩具、足し算ポスターなどなら、楽しく学ぶことができる。

(二) 引き算を教えるポイント

①まずは、引き算の意味を理解させる

まず、最初に「引き算」の意味を教え、子どもに理解させる必要がある。引き算が分かっていない子どもは、「引く」ということが理解できていないので、

「引く」というのは「減る」こと

と教える必要がある。「減る」という言葉は、「なくなる」と言い換えてもよい。言葉を言い換えるだけだが、子どもには理解しやすくなる。

②身近にある物で計算するクセをつける

「あめが五個あるよ、二個たべると残りはいくつかな」と聞いてみるなど、日常にある数字を引き算したりするようなクセをつけると、何度も練習することになり、得意になっていく。

③まずは物を使って一〇のかたまりを覚えさせる

ただ数字だけだと、一〇という概念が分かりづらい。まずは、物を使って一〇のかたまりを認識させる。

例えば、一〇個入りの卵パックを活用する。卵パックと一〇個の同じ物（おはじきやボタンなど）を用意する。パックの凹み一つにつき、おはじきを一つ入れる。三つおはじきを入れると、入れていないおはじきは七つになる。

パックに入れる数を変えて、何度も繰り返しているうちに、一〇のかたまりを覚えてしまう。足し算と同様、引き算も物を使って教えるのがよい。

足し算・引き算でもおすすめの道具なのが、「百玉そろばん」である
トモエ算盤株式会社から子ども用も発売されている　http://www.soroban.com/

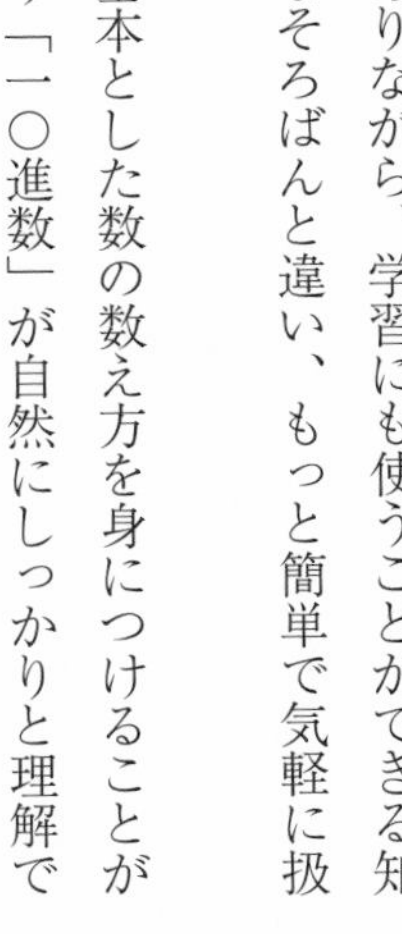

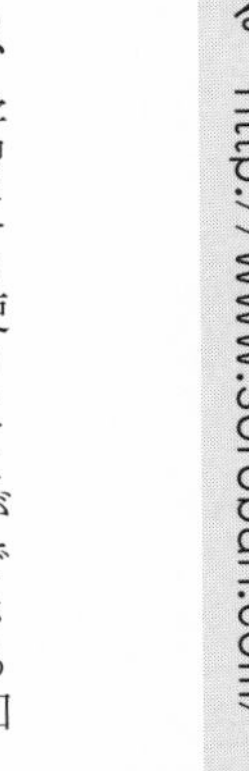

㈢百玉そろばんを使いこなす

百玉そろばんは、そろばんのおもちゃでありながら、学習にも使うことができる知育玩具でもある。しかも、使い方は一般的なそろばんと違い、もっと簡単で気軽に扱うことができる。

遊びながら数に触れることで「一〇」を基本とした数の数え方を身につけることができる。つまり、大人でも必ず頭の中で使う「一〇進数」が自然にしっかりと理解で

きるようになる。

また、視覚的に数をとらえられるため、足す・引くといったことの感覚もどんどん定着していくことになる。

昔の小学校では当たり前に使われていた教具でもある

【百玉そろばんの使い方】

①珠を一つずつはじいて、一から順に数えていく

百玉そろばんの片方に全ての珠を寄せたあと、珠を一つずつはじく（左から右へ、あるいは右から左へ移動させる）ことで、子どもは数を数えながら、視覚的に、どれくらいの多さになるのかということを理解することができる。

一つずつはじきながら、「一から一〇まで数える」「一〇〇まで数える」をすると、量を視覚的にとらえることができ、理解も進む。慣れてきたら一〇〇から一までを逆に数える逆唱も取り入れるとよい。

②まとめた数ではじく、二つに分けたり、足して一〇に戻す

二つ、五つなど、ある程度の数をまとめて「かけ算」的にはじいていくと、数の理解につながる。

また、「10は1と9」「10は5と5」や、「あわせて」といったことを繰り返していくと、足し算や引き算の基本的な考え方である合成・分解にもつながる。

【保護者へアドバイスするときのポイント】

就学前の段階で足し算や引き算が得意な子は、数感覚が育っている子です。よって、まず数感覚を育てることを心がけましょう。そのためには、具体物を使った操作活動を繰り返し体験させることが大切です。

子どもが興味をもって取り組むために、「おやつ」を使って学習させることは効果的です。あめ玉を五個出して、「ここから三個取って」と言うと、自然と引き算の学習になっています。「お母さんは三個。〇〇ちゃんは二個。全部でいくつある?」と聞くと、足し算の学習になります。

興味をもって学習させることで、足し算や引き算を自然と理解できるようになります。

第3章

〝自分でできるもん〟子どもがそう思えばバッチリ！

子どもの「学習習慣」を徹底サポート

1 姿勢① その椅子、子どもに合ってる？ ざぶとん一つで子どもが変わる

(一) 椅子が様々なことに影響する

学校の椅子は、高さは異なっていても、基本的にはどの子どもも同じ椅子を使用している。子どもは多様な個性をもっているのに、それでよいのだろうか。

例えば、発達障害をもつ子どもの中には、触感が過敏な子どももいる。普通の子どもは何ともない椅子の木の触感がとても苦手な子どもも存在する。

そのような子どもの場合、当然座っていることは難しい。つまり、

椅子が立ち歩き等の原因となる可能性もある

また、姿勢と学力の関係を調査した研究もたくさんある。

例えば、大藤晃義氏らが行った研究「姿勢と計算成績との関係について」（https://jsccnet.org/wp/wp-content/uploads/2016/05/6-77-81.pdf）によると、姿勢がよいと計算成績の結果がよくなるという結果が出ている。

それが学力全般にも当てはまるのかどうかについてはさらなる検証が必要だが、姿勢が学力にも影響があると考えている人が多くいることは確かである。

姿勢に影響がある椅子も、当然、学力に影響している可能性はあるだろう。

(二) それぞれが自由な椅子を使うアメリカの小学校

日本ではどの子も同じ椅子を使用しているが、アメリカでは異なっている。

アメリカの学校では、様々な椅子が学校にあり、それぞれが自分の使いたい椅子を使用する。なかには、バランスボールを椅子代わりに使う子どもも存在する。日本の学校とは全く違うのである。

しかし、日本の学校の椅子を変えることはなかなか難しい。安全面の問題など、いろいろな問題があるからである。そのようななかでも工夫できることがある。それは、

椅子に置くざぶとんを工夫すること

である。

(三) 自分に合うざぶとんを選ぶ

ざぶとんはどのように選べばよいのだろうか。

まずは、子どもに合ったものを選ぶことが大切になる。

親がざぶとんを選ぶ際に子どもを一緒に連れて行く

ざぶとんを選ぶ際に、子どもを一緒に連れて行き、触り心地などを確認する。実際に触ってみさせるとよい。座ってみて、気持ちのよい物を選ばせるようにする。形だけでもいろいろなものがあるし、姿勢をよくするような物もある。

大切なのは、姿勢よりもまずは、

子どもが心地よいと思えるかどうか

である。ずっと学校で触れる物である。心地よいと思える物を購入するようにしたい。

加えて、次のようなポイントもある。

足の裏がきちんと床にくっつくか

足の裏がきちんと着かなければ姿勢を保つことは難しい。また、音読などの際によい声が出にくくなる。足をぶらぶらさせることで、集中も途切れやすくなる。

椅子の上に座布団を置いて、足の裏が床にきちんとくっつくかを確認するようにする。

㈣ 勉強机の椅子を選ぶ

学校以外であれば、椅子についての選択肢はもっと増える。

姿勢をよくするために、バランスボールを使うことも可能である。また、最近はバランスチェアというものもある。背もたれがなく、正しい姿勢になるように、座面が少し前傾しているものである。

このようなアイテムを紹介し、家庭でも集中して長時間座って取り組めるようにアドバイスすることも有効となる。

【保護者へアドバイスするときのポイント】

長時間座っていることがなかなか難しいとか、姿勢の悪さを相談された場合は、椅子やクッションについてアドバイスをするとよいでしょう。長時間座るためには、本人が心地よいと思う環境を用意することがまずは大切です。ざぶとんが本人に合っていない可能性を話し、子どもに今のざぶとんの座り心地を好きかどうか尋ねてもらうのがよいでしょう。

本人が心地よく感じていない場合、本人をざぶとんを購入する際に連れて行って、ざぶとんを触ってみたり座ってみたりして選ぶようにアドバイスしましょう。

また、姿勢については、学校で床にきちんと足が着くかどうかを確認し、椅子が高いようなら低い椅子に交換するなどの対応が必要です。よい姿勢を維持するのは、子どもだけではなかなか難しいものです。家庭でも道具を工夫することで、姿勢を変えることができることを考えてみてください。

2 姿勢② 「体幹トレーニング」が、姿勢をよくする第一歩!

(一) 子どもの姿勢が悪くなっている

子どもの姿勢が悪くなっている。

『産経新聞』二〇一五五月五日の記事（https://www.sankei.com/premium/news/150505/prm1505050019-n1.html）によると、まっすぐに立てない子どもたちが増えているそうである。まっすぐに立てない子どもは猫背となり、まるでゴリラのような姿勢になっていると書かれている。

さて、この原因として考えられているのが、

体幹の力の低下

である。

背筋や、腹筋などの力の低下が言われている。では、なぜ体幹の力は低下しているのか。その原因としては、外遊びの減少、スマホやゲーム機など下を向いて行う活動が増えたことが挙げられている。また、幼児期に十分にハイハイをして育っていないことも原因として挙げられている。姿勢の悪化が学力等にも影響することは、前節で述べた通りである。

(二) 子どもの体幹を鍛えるには

子どもの体幹を鍛えるには、まずは遊びが重要である。トレーニングとしてとらえるのではなく、遊ぶ中で自然と体幹が鍛えられていくようにしていく。子どもたちもトレーニングは続かないが、遊びなら楽しく取り組むことができる。

例えば、次のような動きのあるものがよい。

(1) 走る
(2) 転がる
(3) ぶら下がる
(4) 跳びはねる
(5) 渡る

これらの動きによって、体幹の力は自然と養われていく。遊びとしては、次のようなものがある。

どんじゃんけん

線の上から外れないようにバランスを取りながら歩いたり走ったりすることで、体幹を鍛えることができる遊びである。

けんけんぱ

これもリズムを取りながら、跳びはねる動きを行う遊びである。跳ぶ間隔を広げたり、足の置き方を変えたりすると、さらによい。

鉄棒

鉄棒は、ぶら下がる動作や、体を支える動作がたくさんある遊びである。

大根抜き

子どもたちはうつ伏せになって円を作り、肩を組む。

子どもたちの足を大人が引っ張って、抜いていく。子どもたちは抜かれないようにお互いに引っ張り合う。ぶら下がる動作ができるようになるおすすめの遊びである。慣れてきたら、引っ張る役も子どもにさせていくとよい。

ジャングルジム

ジャングルジムもぶら下がったり、バランスが要求されたりする遊びである。加えて、上るためには、

足を腰よりも上にする

必要がある。

この動きが、体幹を鍛えるのにぴったりなのである。同じ理由で、手押し車などの遊びも体幹を鍛えるのに効果がある。

具体的な遊びは、「体幹　遊び」などで検索すると、たくさん見つけることができる。

このように楽しい遊びをいろいろと行う中で、体幹を鍛えることができるようにしていく。

【保護者へアドバイスするときのポイント】

姿勢が悪いという相談を受けた場合は、本人の意識の問題なのではなく、姿勢を維持するための体幹の力が十分に育っていないことが原因として考えられることを伝えましょう。そして、それは本人や親の躾の問題ではなく、現代の日本社会で広く起きている問題であることを伝えて、お家の人が安心できるようにしましょう。

その上で、この節で紹介したような遊びを紹介しましょう。お家の人も一緒に遊ぶことができれば、子どもも喜んで取り組みます。

ただ、体幹を鍛えるこれらの取組は、すぐに効果が表れるものではありません。前節で紹介したようなざぶとんなどの工夫ともあわせて、長い目で取り組む必要があります。

3 鉛筆 たかが鉛筆、されど鉛筆。鉛筆選びはこれがポイント!

(一) 筆記用具と学力との関係

筆記用具と学力との関係を示した論文ははっきりとは存在しない。ただ、筆圧と学力について関係があるのではないかと考える教育関係者は多い。

特に、低学年においては筆圧と学力が関係すると考えられているようである。毎時間使う筆記用具である。当然、書きやすさなどによって、学力と関係がある可能性は高い。

また、鉛筆で字を書くという行為は、手首・指・肩などにある三〇以上の関節と五〇以上の筋肉が連動していると言われている。

鉛筆を使用することで、字を書くときに机にくっつく小指球筋という部分が発達する。小指球筋を発達させることで、しっかりとした字を書くことができるようになる。脳を活性化させたり、手の機能を開発させたりするためにも、鉛筆で書くことが大切なのである。

では、どのような鉛筆がよいのか。ポイントを以下に示す。

(二) 鉛筆選びのポイント

まず、ポイントとなるのは、「筆圧」である。

芯が柔らかめの鉛筆を選ぶ

低学年の子どもは、筆圧が低い傾向がある。そのために、できれば芯が柔らかめの鉛筆を選ぶことが重要になる。基本的に、小学生に適しているのはＢ～２Ｂの鉛筆とされている。

ただ、筆圧が弱い子どもの場合は、４Ｂ～６Ｂも適している。実際に、小学校低学年の書写では６Ｂの鉛筆を使って指導している場合も多い。

しかし、４Ｂ～６Ｂの鉛筆は芯が柔らかいため折れやすく、ノートに書いた字が擦れて、手やノートを汚しやすいというデメリットがある。

最初は４Ｂ～６Ｂの鉛筆を使い、慣れてきたらＢ～２Ｂの鉛筆を使うとよいだろう。

シャープペンシルは小学生には適さない

シャープペンシルは力を入れると芯が簡単に折れてしまう。芯が折れる度に、思考が切れることになる。しかも、筆圧をかけて文字を書くことができないので、小学生では、シャープペンシルは適さない。

正しい持ち方を身につけやすい鉛筆

鉛筆の持ち方と学力については関係があると言われている。正しい持ち方をした方が疲れにくく、長く楽に書くことができるのだから、当然だろう。

軸がやや太く短めの鉛筆

普通の鉛筆は細くて長いため、小さな低学年の子どもの手には合わないこともある。そのため、軸がやや太く短めの鉛筆の方が持ちやすい場合もある。

また、正しい持ち方を身につけさせるため、次のようなものもある。

軸が三角の鉛筆

三角軸の鉛筆は、親指、人差し指、中指をそれぞれの面に当てて持つことで、正しい持ち方を習得しやすくなる。正しい鉛筆の持ち方を身につけるまでは、このような鉛筆の使用も有効だろう。

芯が折れにくい鉛筆

百円ショップなどでも鉛筆は販売されている。しかし、このような鉛筆の中には、芯が折れやすいものや、色がつきにくいものもある。芯が折れにくい鉛筆を使う方が、しっかりと字を書くことができる。

また、キャラクターの絵柄の鉛筆や、鉛筆の上に飾りのついたものもある。このような鉛筆は、授業中に気が散ってしまうことがある。できれば、

絵柄などのないシンプルな鉛筆

が、学習には適している。

小学生、特に低学年のうちは、まだ手が小さく、握る力も弱いことが多い。そのため、筆圧が弱く字が薄くなってしまいがちである。

正しい持ち方でしっかり握って書けるよう、また授業の妨げとならないよう、濃さや太さ、長さ、柄などに気をつけて、鉛筆を選ぶようにしたい。

【保護者へアドバイスするときのポイント】

本文にも書いた通り、鉛筆は全ての授業で必要になるとても重要なものです。初めての学級懇談や、入学説明会などの際に、鉛筆選びのポイントについて伝えましょう。その際には、なぜ適した鉛筆を使うことが大切なのかをきちんと伝えるようにしましょう。保護者も子どもの学力には関心が高いはずなので、きちんとそろえてくれる保護者は多いでしょう。

また、字が薄く、筆圧が弱いことが考えられる場合は、ぜひ鉛筆を変えることをすすめてみましょう。鉛筆を変えることで、子どもの学力が大きく変化することも考えられます。

その際には、筆圧が大切なことを伝えて、適した鉛筆を紹介するようにしましょう。

ただ、経済的な理由がある場合も考えられます。アドバイスがあまり高圧的になることのないように気をつけましょう。

4 消しゴム
消しゴムは、ゴシゴシやらずに「同じ方向に消す」

(一) どのような消しゴムが小学生に適しているのか

消しゴムは、字を消すことさえできればどれでも差がないように思いがちだが、小学生に適した鉛筆があるように、消しゴムにも小学生に適したものがある。

まずは、小学生に適した消しゴムの選び方について示す。

持ちやすさ

小学生低学年の手は小さい。あまり大きすぎるものや小さすぎるものは、小学生には持ちにくく適さない。あまり力を入れなくても消すことができる大きさのものを選びたい。

強く消しても消しゴムが割れない

薄いタイプの消しゴムや、細長いタイプの消しゴムだと、強く消した際に、消しゴムが折れることがある。特に低学年は細かな力の加減が難しい。ある程度の力をかけて消しても割れない消しゴムを選ぶことが大切である。

柔らかさ

消しやすさは、柔らかさと関係がある。鉛筆で書いたものが消えるのは、鉛筆の芯の中に含まれている黒い粒が紙の表面にくっついているのを、消しゴムが吸い寄せて取ることができるからである。柔らかい消しゴムの方が、当然、その粒を引き寄せやすい。そのため、よく消えるのである。ある程度の柔らかさの消しゴムを選ぶ必要がある。

匂いや色のないもの

匂いや色のついている消しゴムは、授業への集中の妨げとなる場合が多い。また、余分な成分が含まれているため、鉛筆の芯の黒い粒を吸い寄せる力が弱く、消しにくい。

(二) 消しゴムの上手な使い方

次に消しゴムの上手な使い方について紹介する。

初めは少し軽めに擦り、徐々に力を入れていく

初めから強くゴシゴシやると、芯の黒い粒が紙の表面の奥に入り込んだり、粉を他の部分にまで広げてしまうことになる。

初めは少し軽めに擦り、徐々に力を入れていくようにすると、きれいに消すことができる。

同じ方向に消す

よくゴシゴシと消しゴムを往復させて消すが、これをすると紙にしわができたり、破れたりすることがある。これは、消しゴムを消す際に、押しつけた力と同じくらいの力が紙をずらす方向に働くためである。特に薄い紙や破れやすい紙には気をつけたい。

まずは、きちんと紙を押さえることが大切である。そして、

押さえている側から押さえていない側へ、一方向に消す

こうすると、しわや破れを生じずにきれいに消すことができる。

また、次のような方法もある。

押さえている手の親指と人差し指で三角形を作り、その中で優しく消す

こうすることで、紙を傷めずに消すことができる。

㈢ 上手に消すことができる便利グッズ

自分が消したいところを上手に消すために、便利なグッズもある。

字消し板

字消し板とは、非常に薄いステンレス板にいろいろな形の窓が開いているものである。字消し板を使うと、自分の消したい部分だけをきれいに消すことができる。また、ある程度の大きさがあるので、紙にしわや破れが生じるのを防いでくれる。きれいに消すことができない場合は、このようなグッズの利用も効果的である。

【保護者へアドバイスするときのポイント】

鉛筆と同じく、消しゴムも全ての授業で使う大切なものです。機会を見つけて、適した鉛筆を使うことの大切さを保護者の方に伝えていきましょう。入学説明会や学級懇談会などはそのよい機会となります。早い段階で伝えておくことで、学習がスムーズになります。

また、消えにくい消しゴムだと、筆算などの際に、間違えた数字が残っているために、再び間違ってしまう子どももいます。このように学習に関わる大切なものだということをしっかりと伝えましょう。

ただ、鉛筆と同じく経済的な理由がある場合も考えられます。あまり高圧的にアドバイスすることがないように気をつけましょう。

5 定規
「一〇センチメートル」のミニ定規は、なぜ使いやすいのか

(一)ミニ定規を使うと学力が上がる

小学校で学習用具として必要になるのが、定規である。

小学校で定規を使う場面はたくさんある。例えば、ノート。囲んだり、線を引いたりする際に、定規が必要になる。

また、二年生になれば筆算も学習する。筆算を書くときにいちいち定規で線を引いていたのでは、計算が遅くなると思うかもしれない。しかし、筆算を書くときに定規を使わないと、次のようなことが起こる。

位取りなどがずれてしまい、計算ミスが起こる

エビデンスがあるわけではないが、多くの小学校教師が経験則で知っていることである。ぐちゃぐちゃになったり、定規を使わずに急いで計算したりするので、計算ミスが起こりやすいのである。丁寧に書くという意識が低下することも関係があるのかもしれない。

つまり、定規を使わないと、学力は低下する。逆に定規を使うことで、学力は上がる。

できれば、小学校の低学年の早いうちに使い始めて、意識づけできるとよい。

㈡どのような定規がよいのか

では、定規であればどのようなものでもよいのだろうか。
よくあるのが、次のような定規である。

キャラクターのついた定規

これはおすすめできない。なぜなら、キャラクターがあることで授業に集中できない子どもがいたり、キャラクターがあって定規の下の字や線が見にくくなるからである。

絵柄などがないシンプルな定規が望ましい

シンプルな方が使いやすい。色なども少ない方がよい。

透明な定規が一番学習に適している

透明だと下が透けるため、定規を合わせやすいのである。
次は、長さである。

一〇センチメートルの定規

多くのノートは、B5サイズである。B5サイズは、横は一八・二センチメートルである。一五センチメートルの定規だとノートの境目にかかってしまい、操作がしにくいのである。

また、低学年の子どもは抑える力も弱い。長い定規は、線を引いている間に定規が動いてしまい、まっすぐ線を引くことができにくい。

一〇センチメートルの定規だと、ノートの境目に引っかかることがない。また、線を引く際も押さえやすい。

さらに、定規の厚みも重要である。

薄い定規は、ノートから取りにくいため、使いにくい

薄い定規は、軽いためすべりやすいという特徴もある。軽いため、教科書などの表面が少し曲がっている場合など、教科書から浮いてしまい、ぴったりとくっつかないこともある。

ある程度の厚みがある方が子どもにとっては使いやすい。

㊂ 百円ショップの定規をおすすめしない理由

最近は、百円ショップなどでも定規が売られているが、あまりおすすめしない。

その理由は次のことである。

目盛りが正確ではないものがある

百円ショップの定規とそうではない定規のゼロの目盛りを合わせてみるとよい。目盛りがずれていて、ぴったり一致していないことが分かるだろう。百円ショップの定規全てがそうではないとは思うが、そのような定規も一定数存在するのである。

このような定規を使うと、二年生で長さの学習をする際に苦労することになる。きちんと測っていても、答えが違うのである。子どもにとってこんなにつらいことはない。

子どもには、ぜひ、きちんとした定規を使わせたい。

【保護者へアドバイスするときのポイント】

定規を使って書くことはとても大切なことです。丁寧に書くことで、学力が伸びます。

しかし、保護者は定規の違いについてあまり関心がないことが多いです。鉛筆や消しゴムなどと同様、どのような定規が学習に適しているのかを機会を見つけて伝えていきましょう。入学説明会や学級懇談会などはそのよい機会となります。早い段階で伝えておくことが大切です。

百円ショップの定規を選ぶ家庭も多くあります。なぜ駄目なのかを事実で伝えていくことが大切です。

6 整理整頓 身の周りの整理は、やり方を「教えて褒める」

(一) 自分から片づけができる子どもは八パーセント

お家の人が子どものことで特に悩んでいるのは、片づけのことである。

よく「怒らないと片づけができない」「なかなか片づけができない」という声を聞くことがある。では、自分から片づけができる子どもはどれくらいなのだろうか。

「フェリシモ　モノコトづくりラボ」（https://info.felissimo.co.jp/monokotolabo/omg/ikuji/036464.php）が幼児～中学生以上の子どもをもつ保護者を対象として、「放っておいてもお片づけできる子は……？」というアンケート調査を行っている。

その結果によると、

八〇パーセントは、親が一緒に片づけをしている

多くの家庭では、子どもが片づけをしているのではなく、親も手伝っているのである。

さらに次のような結果も出ている。小学生の子どもをもつ保護者へのアンケートである。

「片づけるよう」に促すと片づけだす　……四二パーセント

「片づけなさい」と怒られたら、片づけだす……四〇パーセント
自分で片づけを一切しない……六パーセント
片づけているように思う……八パーセント
その他……四パーセント

自分から片づける子どもは非常に少ないことが分かる。

(二) なぜ片づけができないのか

では、なぜ片づけができないのだろうか。理由は次のようなことがある。

(1)おもちゃは片づけるものではなく遊ぶものである
(2)遊びを終わりにしたくない
(3)片づけをしなさいと言われてやる気を失う
(4)片づけをしてすっきりするという経験がない
(5)そもそも片づけのやり方が分からない
(6)散らかっているという意識がない

(1)は、おもちゃは片づけをするものではなく、遊ぶもので、片づけるものであるという意識がないために、片づけないのである。

⑵は、小さい子どもによくある。終わりにしたくないので、片づけない。⑶も、よくある光景である。⑷は、片づけをすることによるプラスの経験がない、もしくは、遊ぶ方がプラスの経験であるため、意識が向かないのである。

⑸は、大人であれば「片づける」ということが何をどうすればよいのかを経験則で分かっているが、子どもは意外とよく分かっていない場合がある。片づけの仕方を教えてあげたことがあるだろうか。仕方が分からないのなら、片づけられないのは当然である。

⑹については、特別支援が必要な可能性もある。発達障害をもつ子どもの中には、自分でも意識しないうちに散らかっている子どももいる。また、散らかっていてもそれを散らかっているとは思っていないこともある。

㈢ 身の周りの整理の教え方

基本は、次のことである。

親や教師が一緒に片づけをして、やり方を教える。少しでもできたら褒める

（一）でも述べた通り、片づけは子どもだけでは難しいものである。大人が一緒に片づけをして、やり方を教えることが大切である。そして、自分だけではできないのが当然と思って、少しでもできたら褒めることが重要である。これが基本となるが、それ以外に次のような方法もある。

片づいたときに写真を撮っておいて、片づいたら気持ちがよいというところを子どもに見せる

前述の⑷「片づけをしてすっきりするという経験がない」が原因の子どもには、特に有効な方法である。

片づいた状態の写真を撮っておき、箱などに貼っておく

片づけ方を一度教えても、子どもは、忘れてしまうことがある。写真を撮って箱などに貼っておくと、どこに何を片づければよいのかが子どもだけでも分かる。前述の⑸「散らかっているという意識がない」の場合は特に有効である。

片づけタイムを設ける

「〇時になったら片づけね」などのようにして片づけタイムを設けることで、遊ぶ時間と片づけの時間という意識づけができる。

この他にも、「片づけ競争をしよう！」というようにゲーム性をもたせる方法もある。いずれの方法でも、できたら褒めることが何よりも大切である。

【保護者へアドバイスするときのポイント】

保護者にアドバイスをするときは、できなくて当然であることや、八割の親は一緒に片づけをして

いることを伝えましょう。「うちの子だけ」と保護者は思いがちです。安心をさせることが大切です
すぐにはできるようになりません。少しでもできたら褒めて、少しずつできるようにしていくこと
が大切であることを伝えましょう。

7 家庭学習 一年生に向けて、「決まった時間」に「一〇分」勉強

(一) 家庭学習は必要なのか

一年生になると、家庭での学習時間について関心をもつ保護者は多い。「宿題をもっと出して欲しい」という保護者もいる。

だが、様々な調査研究によって、次のことが分かっている。

宿題の量を増やしても学力は向上しない

特にアメリカでは、宿題の効果について、「宿題論争」と呼ばれる論争にまでなっていた。その結果、宿題は成績に影響しないことが分かっている。なかには、宿題は小学生の子どもには悪影響を与えるという論文まである。

経済協力開発機構（ＯＥＣＤ）や国際教育到達度評価学会（ＩＥＡ）による国際比較でも、

成績が上位の国は宿題の量が少なく、むしろ下位の国の方が宿題を多く出している

ことが分かっている。

では、家庭学習は必要がないのだろうか。全米心理学会（ＡＰＡ）のＨＰに掲載された論文「Is homework a necessary evil?」（https://www.apa.org/monitor/2016/03/homework）には、次のようにある。

宿題には、「責任感をもつ」「学習習慣を身につける」「時間管理ができる」など、テストの点数とは関係のない、非学問的な利点がある

つまり、宿題の内容や量が大切なのではなく、毎日の学習習慣や時間管理などをできることが大切なのである。だから、家庭学習では、

毎日、「決まった時間」に勉強すること

が大切であると言えるだろう。

(二) どれくらいの時間、勉強すればよいのか

では、家でどれくらいの時間、勉強すればよいのだろうか。前述の論文には次のように記述されている。

一年生が宿題にかける時間は一日一〇分程度が最適。学年が上がるにしたがって二年生は二〇分、三年生までは三〇分……と一〇分ずつ増加し、高校三年生では二時間程度が目安となる

これは社会心理学者で宿題研究の大家であるアメリカのデューク大学のハリス・クーパー教授や、全米教育協会、全米ＰＴＡ団体も支持するものである。つまり、

「学年×一〇分」が目安となる

前述の論文では、学年×一〇分を超えると有害なものになることが報告されている。勉強が嫌になったり、燃え尽きたりすること、家族や課外活動の時間の短縮、睡眠不足、ストレスの増加などが報告にあげられている。やはり子どもには遊ぶ時間が必要なのである。

(三) 家庭学習のためのステップ

学年×一〇分、決まった時間に勉強するには、次のようなステップが有効である。

①まずは、毎日決まった時間に机に向かう習慣をつける

いきなり毎日一〇分間勉強させるのは難しい。まずは、毎日決まった時間に机に向かう習慣をつけるとよい。机に向かって、読書をするのでもよいし、お絵かきをするのでもよい。まずは、決まった時間に机に向かい、苦にならないようにしていくことが大切である。

②少しずつ机に向かう時間を長くしていく

①ができるようになったら、少しずつ机に向かう時間を長くしていく。しかし、入学前の子どもなら一〇分を超えないようにする。いきなり長い時間させると嫌になったりして、失敗体験を積むことになる。

そして、机に向かうのは、誰もいないところでは難しいものである。

まずは親の目が届くところで学習する

ことが大切である。

その際には、テレビや音楽等は消して、集中できる環境にしておくことも大切である。

【保護者へアドバイスするときのポイント】

保護者にアドバイスをするときは、まずは「学年×一〇分」が目安の時間であることを伝えましょう。それは一〇分以上ということではなく、一〇分を大きく超えないことだと伝えましょう。

そして、その目的は「学力の向上」ではなく、「勉強する習慣をつける」ためであることをしっかりと伝えましょう。

第4章

「うちの子、マイペース……？」我が子の「ちょっぴり」気になる行動

～学習習慣を中心に～

1 ぼんやり いつもボーッとして、聞いていないように見える

㈠ ボーッとしてしまう理由

ぼんやりすることが多く、人の話を聞き逃したり、課題の取り組み方が分からなくなったりする子どもがいる。先生が絵の描き方について説明をしている際に、物思いにふけり、作業が進まない、名前を呼んでも反応がないなどがある。

原因として次の二つが考えられる。

①集中が続かない、他のことに気が散りやすい
②聞いているが、正しい聞き方を理解していない

㈡ 話を聞かせる具体的方法

指示されたことができず、ボーッとする場合、次のようにするのがよい。

①集中が続かない、他のことに気が散りやすい

話を聞くために最適な環境を整えることで、集中が続くようになる。話し手の配慮と子どもが置かれて

いる状況、その両方を「環境を整える」という視点で見直すと、多くの改善点が見つかる。

活動を細切れにして、いくつかの段階を設定する

例えば、ある子どもが集中できる時間が五分ならば五分ごとに区切り、作業を三つに分ける。トータルで、一五分取り組むことができるようにする。

確認の声掛けをする

「○○ちゃん、ここまでいいかな?」「○○ちゃん、ここを塗るよ」など、個別に名前を呼ぶようにする。こうすることで、本人の注意を今、行っている課題に向けさせることができる。

刺激になる物を排除する

人間には、たくさんの情報の中から自分に必要な情報を選び出す能力が備わっている。これを選択的注意というが、それが不得意、またはできない子どももいる。選択的注意ができないと、必要のない情報まで受け取ってしまうことになり、精神的にも疲れてしまう。

このような子どもたちの場合、必要な情報が強い刺激として入力されるような環境を作ることで、ボーッとせずに集中することができるようになる可能性がある。

②聞いているが、正しい聞き方を理解していない

子ども自身は、他のことに気を取られながらも、話し手の話を聞いているつもりになっているかもしれない。しかし、話し手からすると、聞いていないように感じることがある。

正しい聞き方を教える必要がある。相手の話を聞くということは、将来、社会人として働くようになっても必要なスキルの一つである。

相手の方にへそを向け、目を見て聞く

ことを繰り返し教えて身につけさせたい。

「学校ソーシャルスキルフラッシュカード（教育技術研究所 https://www.tiotoss.jp/products/detail.php?product_id=2818）」には、話の聞き方を指導するカードが入っている。このフラッシュカードを使うことも効果的である。

小さいうちは目を合わせることが難しくても、成長していく中で目を合わせる必要性を理解したり、くりかえし行う中で人と目を合わせてコミュニケーションができるようにもなることもある。

目を合わせて話が聞けないからといって、すぐに叱る必要はない。

この際に「しっかり目を見なさい」と言ってしまうと、相手の目の動きや表情のみに集中してしまい、内容が全く理解できないことがあるということを、教師は知っておく必要がある。

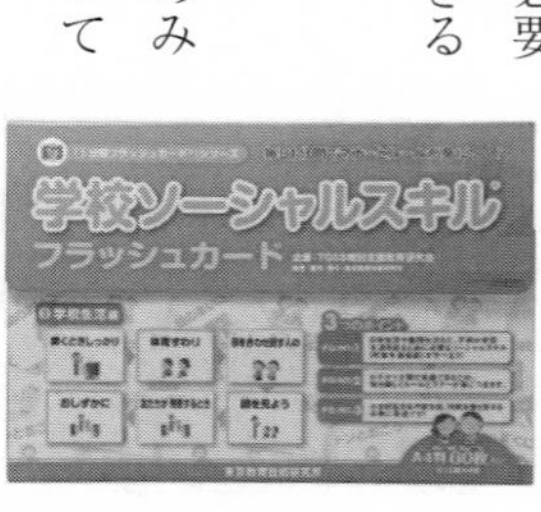

以上のようにしてもなお心配な場合は、医療機関などに相談してみることをおすすめする。ＡＤＨＤの不注意優勢型の可能性がある。主な特徴は以下である。

注意欠陥多動性障害の具体的な状態像
〇不注意
〇衝動性
〇多動性

（「教育支援資料」文部科学省、二〇一三年）

【保護者へアドバイスするときのポイント】

保育中や授業中にボーッとしていることを伝えるときは、まず、「今日は、授業中に集中しにくいことがあったのですが、何かありましたか？」と尋ねるようにしましょう。尋ねることで、家庭で困っていることが出てくる可能性があります。

困り感について相談を受けたときは、「なまけているのではないですよ」と、わざとやっているわけではないことを伝えるようにしましょう。その上で、学校での具体的な対応についてお伝えし、家庭でもやってもらえるようにお願いします。学校と家庭が協力することで、本人の負担が減るようにしてあげましょう。

2 マイペース やることがゆっくりで、他の子よりも時間がかかる

(一) イライラしてしまう……その原因は

お風呂に入る時間なのになかなか入らない。靴を履くのが他の子より遅い。学校に遅刻しそうな時間なのにゆっくり朝食を食べているなどのケースがある。

原因として考えられるのは、次の三つである。

(1) 他のことに影響されてしまう
(2) こだわりがあり、思い通りになるまで続けようとする
(3) 時間の感覚が周りの子どもと少し違う

例えば、朝からテレビがついている場合、自分の準備よりテレビに集中してしまい、準備が進まないという状況が考えられる。テレビ以外にも、興味を引くものがあったら「寄り道」してしまうことがある。また、自分なりのルーティンをもっているかもしれない。「朝起きたら、まずはトイレにいく」「次はこれをする」というものだ。こだわりのある子どもの中には、「不安傾向が強い」子がいる。そのため、「いつも通り」という同一性を保持したがる傾向がある。

勉強のときには、「文字を書くときはこの鉛筆。消しゴムはこれ」といったように、いつも通りの物を使う。

「こうでなくてはならない」という気持ちが強い。不安を回避する防衛反応なのだ。その結果、自分の思い通りにならなかった場合には、何度もやり直すことがある。

さらに最近の研究で、こだわりのある子どもは「時間の感覚が少し違う」ということが分かってきた。定型発達の子が「一分たった」と思う時間でも、「三〇秒しかたっていない」と感じるのだ。特性ゆえに時間がゆっくり流れていると考えられる。そのため、何事もスローペースになってしまったり、取り掛かりに時間がかかったりするのだ。

(二) 無理なく、スピードアップさせるには

「他の子より時間がかかる」場合、次のように対応するのがよい。

①その子が何か他のことに集中していないかを探す
②あらかじめ、スケジュールを立てておく

①その子が何か他のことに集中していないかを探す

ぼーっとしているように見える場合、何か他のことに注意が向いている可能性がある。

例えばずっと外を眺めている場合がある。そのような場合、ファンタジーの世界に入っている可能性がある。「〇〇ちゃん、次はこれをするよ」というように、「選択的注意」をこちらに向けさせ、ファンタジーの世界から戻してあげたい。

②あらかじめ、スケジュールを立てておく

「早くしなさい」と言っても、効果は薄い。あらかじめスケジュールを立てておくことが大切だ。子どもも、そうしたくてゆっくり行動しているのではない。あらかじめスケジュールが決まっている方が、安定して行動ができ、気持ちも落ち着く。

「その子にとって、無理のないスケジュール」を組むようにしたい。例えば登校前の準備ならば、着替えの時間も、朝食を食べる時間もゆったりととれるように、スケジュールを立てたい。

その際、大きな紙に書いて親子ともに見えるような形にしておくとさらによい。その紙を見ながら行動ができるし、褒める際の材料にもしやすいからだ。ポイントは、

(1)ゆったりとした時間でスケジュールを立てること（一五分単位で考えるのが好ましい）
(2)できたときに思いっきり褒めること

である。

物事を一五分単位で行うように決めておくと便利である。

特性のある子どもは「量」を把握するのが苦手である。何にどれくらい時間がかかるか分からない。そこで朝起きたら、「歯を磨いて顔を洗い、髪をとかしたら、一五分だ」と覚えさせるのだ。その要領で一五分単位でスケジュールを構成し、並べる。それを繰り返すうち、何時に何をすべきかが分かるようになってくる。

スケジュールを立てる際、基本的に本人は「全部できる」と思っている可能性が高い。無理なく、スケ

ジュールが立てられているか、実際にやってみながら、実験してみたい。

スケジュールが決まったら、次にするのは「褒める」ことだ。

まず、子どもがそのスケジュールで動こうとしたこと自体を褒める。ポイントは「すぐに褒めること」だ。時間がたってから褒めても効果は激減する。褒める際も、言語だけでなく、ＯＫサインを送るなどジェスチャーを用いた褒め方も有効だ。褒めながら「次は何するんだっけ」と確認し、進めていく。

そして予定通りできたという成功体験を積ませていきたい。大人から見ると、「前日のうちに準備しておけばいいのに」「もう少し早く準備できると思うけど」というような状況になることが多々あるが、発達障害の子は、先を予測して行動をすることが苦手である。

注意・叱責ではなく、褒めて伸ばしたい。


【保護者へアドバイスするときのポイント】


マイペースな子の場合、家で「早くしなさい」と言われて自尊感情が下がっている可能性があります。まず、「早くできてほしいですよね」と、保護者の気持ちに共感しましょう。その上で、「ズボンを一〇秒で履けるかな？　よーい、ドン！」のように、ゲーム感覚で行動を早くする方法があることを伝えましょう。

また、家庭でも一日のスケジュールを立ててもらえるようにお願いしましょう。その際、「子どもが余裕をもって行動できるように、ゆったりとした時間でスケジュールを組むとよいと思います」とアドバイスしましょう。

3 こだわり
一度遊び始めるとなかなかやめられず、次の活動に切り替えられない

(一) なぜその行動に「こだわり」、次の活動に切り替えられないのか

切り替えができず、次の活動に遅れてしまう子がいる。

「はい、次はこれをするよ」と何度言っても、自分のやっている活動をやめられず、次の行動に切り替えることができないことがある。

幼児期は切り替えるのが難しい子どももがいるので、緩やかに移行していけるようにしたい。

原因として考えられるのは、次の通りである。

(1) 時間を意識して行動していない
(2) 次に何をするかという見通しをもっていない
(3) 本人の優先順位と大人が考えている優先順位が異なる

切り替えができない場合、「時間を意識せず行動している」ことが考えられる。特に好きなことをしているときには、熱中するあまり、時間を忘れて没頭することがある。大人の働きかけによって、緩やかに移行させていきたい。

また、「次に何をするか」を考えずに行動している場合もある。見通しをもって行動していない場合、「な

ぜ、いきなり自分のしたいことを中断してまで、次の行動をしなければならないのか」と思う可能性がある。

大人からすれば、「家に帰ってきたら、遊ぶ前に手洗いをしてほしい」と思うものだが、子どもはそうは思っていないかもしれない。大人と子どもでは優先順位が異なっている可能性があることも考えておかなくてはならない。

子どもにとって、遊ぶことの優先順位は高い。それを切り替えるにはいくつかの手立てが必要になる。

(二)こうすれば、切り替えやすくなる

「次の活動に切り替えられない」場合、以下のように対応するのがよい。

①切り替えられたときに褒める
②作業の途中時間に「あと五分したら次の活動をするよ」と声かけをしておく
③中断しても、後でまたできることを約束する

①切り替えられたときに褒める

「すごい！　もう次のことができるの！　さすが○○ちゃんだね！」と切り替えられた瞬間に褒める。また、次の日、「昨日はすぐ次のことができてえらかったね。さすが○○ちゃんだね」と再度褒める。褒めることで望ましい行動を強化することができる。そのときに、ご褒美シールなどで、がんばりを評価してあげることも大切である。「大人の言う通りにしたら、よいことがあった」という経験を積んでいくことが大切である。

切り替えるということは、今までしていた好きな行動を取り上げられることになる。褒めることで、「切り替えたら褒めてもらえる」という視点をもつようになる。褒められたという経験を通して、成功体験を積ませたい。

②作業の途中時間に「あと五分したら○○をするよ」と声かけをしておく

次の作業に急に切り替えをすることは難しい。いきなり終了したという思いをさせてはならない。急に終了させられたと感じた場合、本人が納得しないことが多い。切り替えを強要された気持ちにさせてはならない。

③中断しても、後でまたできることを約束する

中断しても、また後でできるということが分かれば、本人も従いやすくなる。このときに大事なのは、また後でできるといった約束を必ず守るということだ。

以上の対応をした後でも効果が見られず、著しくこだわりを見せる場合には、発達障害の可能性について考えてみたい。心配であれば、受診をして発達の状態を調べてもよい。受診の一番のタイミングは「我が子の心がつかめないことで親が疲れ果て、自信をなくしそうになったとき」だ。

発達障害の場合であっても、「私の育て方が悪かったから」などと悩む必要は一切ない。大切なのはその子の特性に合ったやり方でアプローチすることである。その子に合ったアプローチをするための手段を学ぶために、「必要があれば」受診をおすすめしたい。

【保護者へアドバイスするときのポイント】

親子間ですでに喧嘩になっているかもしれません。まず、保護者の話をよく聞き、共感するようにしましょう。そして、「五〜六歳の子どもは、どの子も切り替えが難しいものですよ」と伝えると、保護者の不安が軽減されると思います。

その上で、前述した「切り替える方法」を紹介しましょう。「無理やり、やりたいことをやめさせられた」という経験を子どもが積み重ねると、いずれ二次障害として「反抗挑戦性障害（ODD）」（※）の症状が出ることも考えられます。無理やりやめさせるのではなく、切り替えるように促し、できたら褒めてもらえるようにお願いしましょう。

（※）反抗挑戦性障害：特に親や教師など目上の人に対して、拒絶的、敵対的、挑戦的な行動をとる疾患のこと。DSM―5では、怒りっぽく、しばしば癇癪を起こしたり、口論好きで人をイライラさせたり、意地悪で執念深かったりする、等々の様々な症状のうち四つ以上が六ヶ月以上持続することとされる。

1. しばしばかんしゃくを起こす。
2. しばしば大人と口論をする。
3. しばしば大人の要求、または規則に従うことを積極的に反抗または拒否する。
4. しばしば故意に他人をいらだたせる。
5. しばしば自分の失敗、不作法を他人のせいにする。
6. しばしば神経過敏または他人によって容易にいらだつ。
7. しばしば怒り、腹を立てる。
8. しばしば意地悪で執念深い。

4 初体験 運動会のダンス練習に、毎年参加したがらない

(一) 参加したくないのか、できないのかを見極める

ダンスの練習に参加したがらない子がいる。

まず、ダンスに「参加したくない」のか「できない」のかを見極める必要がある。無理矢理、参加させることは「傷つき体験・誤学習」となりマイナス面が大きい。

大前提として、「参加できにくい児童がいる」ことを理解したい。その上で、参加できそうであればしていくという対応をしたい。毎年、ダンスに参加しないという状況を不安に思っている保護者もいるため、まずは「参加できない可能性」について話をしたい。

原因として考えられるのは次の三つである。

(1)ダンスの練習という性質上、刺激が多く適応できにくい
(2)見通しをもつのが難しい
(3)暗黙の了解が理解しにくい

特性のある子どもの多くは知覚や感覚に過敏があると言われている。人によって、同じ環境でも受ける刺激が変わってくる。発達障害を抱える子どもは環境の変化への対応が難しいため、ストレス状態になっ

ていることが考えられる。

他にも、発達障害を抱える子どもは、運動の協調性や運動のイメージ能力が定型発達の子どもよりも低下していることが指摘されている。運動の協調性に困難がある場合、体を動かすことがうまくいかず、みんなと同じようにできないことにもどかしさを感じているかもしれない。

ダンスに参加したがらない子どもの中には、「次は何をするのか分からず不安になる子」や「集団行動特有の暗黙の了解が理解できず、苦しむ子」がいる。

(二) 本人にとって無理のないように対応する

運動会のダンス練習に、毎年参加したがらない子には次のように対応するとよい。

> ①刺激をできるだけ減らす
> ②事前にどのような活動を行うのか、説明をしておく
> ③段階を踏んで参加できるようにする

①刺激をできるだけ減らす

音に過敏な子であれば、イヤーマフやノイズキャンセリングつきの耳栓をさせるという対応が考えられる。これらは合理的配慮として認められている(「障害者差別解消法　合理的配慮の提供等事例集」)。

②事前にどのような活動を行うのか、説明をしておく

事前に「どのようなことをするのか」「どれくらいの時間行うのか」が分かっているだけでも、安定す

る子どもがいる。ダンスの練習では、多くのケースで「この後、何するのかが分からない」という状況が繰り広げられる。そのような経験を積むと、ストレスが蓄積される。

③段階を踏んで参加できるようにする

刺激が多い環境に参加する子どもは不安状態にある。「参加する／参加しない」という二つの選択肢だけでは、対応できない。最初に本人に確認を取り、承認を得たい。やってみてダメそうなら無理をさせない、というのが大原則だ。

次に示すように段階を踏んで、徐々に参加できるようにしていきたい。

(1)一緒にその場に行ってみる
(2)その場で一緒に話を聞いてみる
(3)先生が遠くにいる状態で、その場にいる
(4)時間を決めて先生と参加する
(5)先生と一緒に最後まで参加してみる
(6)一人で参加してみる

というように段階を踏んで、長い目で見た支援をしていく。

そして少しでも段階が進んだら褒めてあげることが必要だ。

前述のように本人に合わせた対応が必要で、無理強いをする必要はない。その段階が難しい場合、前の段階に戻ってもかまわない。

長い目で見たときに必要となるサポートは、みんなと同じように活動させることではない。「ダンスに対する負の感情を変えてあげること」だ。本人の気持ちが向かないときには「参加しなくてもいい」という心構えが必要だ。少しでも、本人の気持ちが前に向いたときに、褒めてあげることが大切である。

運動すること自体が非常に高度な行為であると認識したい。

運動は、脳が指令を出し、体の様々な部位をうまく調整しながら行う。たくさんの情報を一瞬のうちに処理しなければならない。中枢神経系が未熟だと、複数の情報を同時にうまく処理することができない。ダンスとなると、上半身と下半身でそれぞれ別の動きをしなくてはならない。また、たくさんの指示を聞き、「他の子と同じように」行動することが求められる。

以上の点からも「本人の意思を尊重」し、無理のないよう対応したい。

【保護者へアドバイスするときのポイント】

「集団行動ができない」ということだけを聞くと、保護者は不安になります。伝える場合は、本人ががんばっていることとセットで伝えるとよいでしょう。

また、できないことだけを伝えるのではなく、学校として、どのようなステップを踏み、支援していくか方針を示すことが大切です。そのとき、本人にとって無理のないように支援することや、本人の意思を尊重することを伝えることが大切です。

---

5 飛び出し 部屋に入らず、いつも外で遊んでいる

(一) 部屋に入らない理由

幼稚園や保育所の子どもの中にも、外遊びの時間が終わっても、なかなか部屋に入ることができない子がいる。いつも外で遊ぶこと自体に問題はない。問題なのは、「切り替えが苦手」ということである。

原因として考えられるのは、次のようなものがある。

自分の中の優先順位と大人の優先順位が違う

物事の優先順位が分からない小さい子は多い。一度、注意が何かに向かうと、それから目をそらすことができなくなる。外で遊ぶ時間が終わり、部屋に入る合図があっても、子ども本人は、「今していることをやめたくない」と思っているかもしれない。子どもの中での優先順位が、

一位：外で遊ぶ
二位：中へ入って活動する

となっている可能性がある。

お勉強やお絵描きなどの室内での活動には、興味がない場合もある。
また、自閉症スペクトラム障害の特性行動の可能性もあるので、保護者が気にしている場合は専門機関での受診をおすすめする。次に示すのは、自閉症スペクトラムの三つの障害である。

自閉症とは
①対人関係の障害
②コミュニケーションの障害
③パターン化した興味や活動
の三つの特徴をもつ障害で、生後まもなくから明らかになります。
最近では症状が軽い人たちまで含めて、自閉症スペクトラム障害という呼び方もされています。
(厚生労働省 生活習慣病予防のための健康情報サイト
https://www.e-healthnet.mhlw.go.jp/information/heart/k-03-005.html)

(二) 切り替えを促す具体的方法

①見本や実物・絵カードで見通しをもたせる
②代わりの行動を示す
③好きなことは終わりの予告・合図で知らせる

④今、何をすべきかをきちんと伝える

①見本や実物・絵カードで見通しをもたせる

今の活動をやめて次の活動に入るときに、言葉で知らせるよりも、見本や実物、絵カードなどを見せた方が、切り替えがしやすいことも多い。言葉だとパニックのときには耳に入りづらいが、目からの情報はパニックのときでも入りやすい。

②代わりの行動を示す

うまく切り替えができない子どもの中には、次の活動自体が、自分の好きな活動でないこともある。特に子どもの場合は、できないことを頑張らないといけないというような、大人で言う義務感のようなものがないため、好きな活動から嫌いな活動への切り替えはとても難しい。

だから、嫌いな活動だと難しいので、好きではなくても、その活動の中でできることを作って誘うようにしてあげると、うまくいきやすくなる。

例えば、粘土で何か形を作れなくても、こねて遊ぶ、型抜きをするなど、何かできることを用意しておく。

③好きなことは終わりの予告・合図で知らせる

気持ちの切り替えが難しい子は、好きなことに夢中になっているときに、それを急にやめようと言われると、気持ちを切り替えられずにパニックになってしまう。

あらかじめ、いつになったら終了するのかを知らせて、言い聞かせておくとうまくいきやすい。知らせる手段には、次のようなものがある。

(1)「あと一回だけね」(遊び)「あと一個だけね」(食べ物)
(2)「一〇数えたらおしまい」
(3)(タイマーをセットして)「タイマーが鳴ったらおしまいね」と伝えておく

④今、何をすべきかをきちんと伝える

優先順位を教えるためには「何時から授業が始まるから」など、具体的な理由を教えてあげるようにするとよい。時間の概念や物事の重要度などは目に見えない部分であるため、周囲の大人がフォローをして理解を促す必要がある。

①〜④の行動ができたら、その都度、褒めるようにする。できないことを叱るより、できたことを褒めることで、行動を変えることができる。

【保護者へアドバイスするときのポイント】

「部屋に入らない」という事実を知った保護者の気持ちに寄り添うことが大切です。保護者の不安が大きくならないように、「こちらが対応に困りました」ではなく、「○○ちゃんは、何か嫌なことがあって困っているのだと思います」など、子どもが困っているという視点で具体的に保護者に伝えましょう。

その上で「学校では、このような対応をしています」と、切り替えを促す具体的方法を紹介し、家庭でもやってもらえるようにお願いしましょう。「できないことは気にせず、できることを褒めるようにしましょう」とアドバイスするとよいでしょう。

❻ 学習困難
昨日やったことなのに、今日は忘れてできなくなる

(一) なぜ、記憶が定着しないのか

昨日やったばかりのことができなくなっている子どもがいる。

例えば、家で算数の勉強していて、昨日と同じ問題なのに、解くことができなかったりする。原因として考えられるのは、次の二つである。

①記憶として定着していない
②ワーキングメモリの量が少なく、理解する段階で困難が生じている

①記憶として定着していない

記憶は、短期記憶から長期記憶に移行するプロセスが必要になる。ここに、何らかの困難が生じている可能性がある。

記憶が定着するまでには、「外部から情報が入り、脳が一瞬のうちに処理する」→「脳が蓄積した情報を整理し、よく使うもの、関連するものをネットワークで繋ぐ」という過程を通過する必要がある。

忘却については、有名なものでは「エビングハウスの忘却曲線」がある。彼の実験によれば、人は覚えた情報を二〇分後に四二パーセント、一時間後に五六パーセント忘れる。脳に記憶がたまり続けると、必

要な情報を引き出せない。そのため、脳は本当に必要な情報だけを長期記憶として保存する。

②ワーキングメモリの量が少なく、理解する段階で困難が生じている

ワーキングメモリの量には、個人差がある。

人間が一度に覚えられる容量には限界があり、健常発達の子で7±2個や4±1個とされる。発達障害を抱える子どもであれば、さらに数が少なくなる。例えば、0356837652といった一〇桁の数を覚えるためには、ワーキングメモリが一〇必要になり、発達障害の子は覚えられない。しかし、03−5683−7652というようにチャンク（かたまり）を作ることで、使うワーキングメモリは三になり、記憶しやすくなる。

(二)記憶定着の方法を知り、得意なやり方を伸ばしていく

次のように対応するのがよい。

①復習のタイミングを知る

記憶保存の方法を理解するには、海馬の働きを知ることが重要だ。

海馬は、情報を「必要／不必要」に分ける働きがある。生きるために必要な情報を、海馬は必要なものとして認識する。生きるためには重要度が低い算数の勉強は本来、優先して保存されない。

そこで必要になるのが「復習」だ。同じ情報を何度も送り続けることで、海馬は「大事な情報だ」と認識する。そうすると長期記憶に保存される。何度も復習をすることが大切なのだ。

最近の研究では、復習に最適なタイミングは勉強した翌日、その三日後、その一週間後、その二週間後、その一ヶ月後とされている。

②褒めて伸ばしてあげる

勉強が苦手な子どもは、今まで褒められた経験が少ない。「できた」という成功体験をもとに、褒めて伸ばすという指導を中心に行いたい。褒めるタイミングは、「すぐに」が基本である。子どもがやろうとした瞬間に褒めてあげたい。「できた」ことより、「やろうとしたこと」を褒めてあげたい。

③記憶のサポートをする

小学二年生で学習する九九であれば、机に九九表を用意させる。サポートグッズを用意することで、ワーキングメモリを補うことができる。本人が必要がないというまで、サポートグッズは置いておくのがよい。

④教具を工夫する

例えば、赤鉛筆を使うことなどだ。家で一緒に勉強をするときに、赤鉛筆でうすく作業過程を書いておく。成長過程によって、丁寧すぎる指導は子どもの自尊感情を下げかねないが、この指導なら、子どもも「自分でやった」という達成感を得られる。そのノートを見せにきたときには、うんと褒めてやりたい。「目立たないように支援する」という視点が必要である。

⑤粗大運動処理を行う

記憶が定着しにくい子は、ＬＤの可能性がある。研究によって、ＬＤの子の指導には、音声や視覚情報だけでなく、粗大運動（体を動かす方法）が有効であることが分かっている。アメリカのある学校では、「Woddin Math」という体を使った算数のカリキュラムがある。発達障害のある子にとって、「音声だけ」「視覚情報だけ」では限界がある。様々な感覚（マルチセンサリー）を使って学習することで、記憶が定着しにくい子どもも、学習したことが定着する可能性がある。

⑥エラー分析をする

つまずきの原因は多種多様である。子どものノートを見て「どこでつまずいているか」を見極め、支援する必要がある。発達障害の子の中には「＋のときは、足す」「－のときは、引く」という条件がなかなか定着しにくいことがある。そのときに、「色を変えて見やすくする」などの支援をしてあげたい。

⑦他人と比べない

「本人も勉強ができるようになりたいと思っている」という考えを、常にもっておきたい。「他の子はここまでできるのに」「お兄ちゃんのときは、このくらい普通にできた」という考えは、子どもを苦しめる。

子どもは、大人が考えている以上に学校の勉強に疲弊している。家に帰ってまで無理をさせては、休まる場所がなくなってしまう。

【保護者へアドバイスするときのポイント】

保護者ががんばって学習させている家庭ほど、「何でできないの？」という思いを強くもちます。このような訴えがあった場合は、まず「お母さん、がんばっておられますね」とねぎらいの言葉をかけましょう。そして、得意を伸ばすことを基本方針にして、できたことを褒めてもらえるようにお願いしましょう。

その際、前述の「記憶の定着の方法」を具体的にお伝えし、家庭でも可能な範囲でやってほしいということを伝えることが大切です。それでも保護者が気にしているようなら、特別支援コーディネーターにお願いし、専門機関を紹介してもらうとよいでしょう。

7 コミュニケーション 正しく発音できず、何を言っているか分からない

㈠ 必要な対応

日常会話など、学習活動の中で発音する場面は多々ある。

話している際に、相手へ伝わるように言葉を発することができない子がいる。正しく言葉を使うことができず、単語が不自然な区切りで途切れる、などの話し方をする。

正しく発音できない子どもたちに、他の子と同じように活動させようとしても難しい。

周囲の友達と比べて劣等感をもたせないようにするための配慮とは、

その子なりの表現を認めること

である。また、話すことの抵抗感がとれず、日常生活や身体の調子に支障が出ているなどの場合は、早めに専門家に相談して、適切な支援を受けることが必要である。

また、小学校で言語障害特別支援学級が開設されている場合は、発音のトレーニング能力の向上を図ることができる。

㈡ 医療機関との連携

発音がうまくできない原因は、聴覚や発音器官の異常、生活環境や心の問題、障害や疾病など様々なものが考えられる。症状に見合った医療機関に相談することが大切である。

発音がうまくできないことの相談ができる公的機関、医療機関には児童相談所や心療内科などがある。子どもの言葉の遅れについて相談する際は、相談する前に、言葉に関するものだけではなく、好きな遊びやコミュニケーションの様子を学校や幼稚園の先生から聞いてメモしておくとよい。

普段の子どもの様子を伝えることは、専門家が子どもの発達段階を把握するために役立ち、生活の中で取り入れられる工夫や注意点について、専門家から教えてもらいやすくなる。

㈢日常生活の中でできる、言葉を育むための工夫

言葉が遅れている場合には、専門家の指導に頼るのも一つの方法だが、毎日の関わりの中で、本来の力を伸ばしていけることも多い。

①コミュニケーションを深める工夫をする
②環境を整え、妨げになっている要因をなくす

①コミュニケーションを深める工夫をする

分かりやすい、はっきりとした言葉でゆっくりと話す

大人に比べると、乳幼児期の子どもの聞きとる力は未熟で、人の声を聞き取ることに慣れていない。いつも言葉が聞き取れずにいると、話しかけられることや言葉を聞くこと自体に興味を失ってしまう可能性がある。

小さい子や、言葉の遅い子に話しかけるときには、ゆっくり、はっきり、繰り返して、単語と単語の間に適当な間をおいて話してあげることが大切である。

②環境を整え、妨げになっている要因をなくす

豊かな体験や経験を味わう

言葉が出始める、あるいはまだ出ていない段階においては、子どもが外界の世界に興味関心をもって、自ら関わっていこうとする力を育てることが大切である。そのためには、

具体的に物に触れたり、身体を使った遊びや活動を行ったり、見たり、聞いたり、味わったりと、五感の器官を十分に使って外の世界に触れることができる環境を作り、子どもの活動や遊びを豊かで楽しいものにすること

を意識する。豊かな生活体験の中で、自身の感じていることを他者に伝えたいという思いが生まれ、それが言葉を引き出していくきっかけになる。

以上のようにしてもなお心配な場合、医療機関などに相談してみることをおすすめする。コミュニケー

ション障害の語音症の可能性がある。

コミュニケーション障害とは、

言葉を扱って他者とコミュニケーションをとることに困難が生じる疾患群の総称である。正式には、「コミュニケーション症群／コミュニケーション障害群」という（DSM‐5『精神疾患の診断・統計マニュアル』第5版）。

コミュニケーション障害に定められている五つの疾患の一つ、語音症とは、

言葉をうまく発声できないことで起こる疾患である。語音症の人が話す内容を周囲の人が理解できず、意思伝達が正しく行われない場合がある。

（小野隆行編『特別支援教育　重要用語の基礎知識』学芸みらい社、二〇一八年、七五頁）

【保護者へアドバイスするときのポイント】

子どもの発育や発達には個人差があり、今までなかなか出なかった言葉がある日に急に出るようになるという事例もたくさんあること、ゆったりとした気持ちで子どもとのやりとりを楽しみ、ゆっくりでも構わないので、子どもの着実な育ちを支えることを伝えるようにしましょう。

8 書く 年長になっても文字に興味がなく、ひらがなが書けない

幼稚園や保育所の方針にもよるが、読み書きを教えない自由型の幼稚所、保育所に通う場合は家庭での学習が必要になってくる。

近年では、小学校に入学したときにはひらがながほとんど読めてしまう子が多いのが現状である。しかし、中には字を読むことはできても、書くときに左右が逆になってしまったり、読めないほど汚い字しか書けない子どももいる。

ひらがなを書けない場合、何ができないのかを見極めることが大切である。例えば、

- 絵と文字が一緒にあれば読める(カルタなど)
- 似たようなひらがなは読み書きできない(ぬ・ね、わ・れなど)
- 線がまっすぐ引けない
- 曲線が書けない

何ができていないかを見極め、それぞれの子どもに対応していく必要がある。

(一) ひらがなが書けない理由

子どもが文字を正確に書けない原因は、目と手の協調運動がうまくいっていないことと言われている。協調運動とは、

手と手、手と目、足と手などの個別の動きを一緒に行う運動（LITALICO発達ナビ　発達性協調運動障害とは？　https://h-navi.jp/column/article/35025585）

である。字を書くときには、

視覚情報を脳で文字情報に置き換え、
→手や指の運動器官に命令を送り、
→手や指の筋肉が実際に動く

という流れになる。

書くという単純に見える行動においても、様々な器官を連動して協調させる必要がある。

(二) ひらがなを書く具体的方法

小学校入学直前でもひらがなが書けない場合、次のように対応するのがよい。

①「指書き」で練習させる

ひらがなを覚えさせるためには、マルチセンサリーを使って情報を入力するのがもっとも早い。

向山洋一氏が考案した「指書き」は、マルチセンサリーを使った指導法である。机の上に人差し指を押し当てて、「いち、に、さん……」と筆順を言いながら書かせていく。

触覚（指）と聴覚（筆順を言う）、他にも口を動かすなど、様々な感覚を使うことで、脳に情報が入力されやすくなる。また、指で書いているため、間違えても消しゴムで消す必要がなく、失敗体験が少ない。

「あかねこひらがなスキル」（光村教育図書）は、おすすめのひらがな教材である。

②鉛筆づかいの練習で、基本となる線を教える

ひらがなを教える前に、その子が「ひらがなに必要な線が書けるかどうか」を確認する必要がある。「鉛筆づかい」の練習プリントを使って、次のような線が書けるかを確認する。

(1)ジグザグの線、くるくる円などの線
(2)丸や四角、三角などの図形の線
(3)迷路や点つなぎなどの線

これらの線が書けない場合、ひらがなを書くことは難しい。鉛筆づかいの線を繰り返し練習するのが、地道ではあるが近道である。

以上のようにしてもなお心配な場合、医療機関などに相談してみることをおすすめする。これは書字障害（学習障害）の可能性がある。

書字障害の特徴としては、以下が挙げられている。

- ・バランスのとれた文字を書くことが難しい
- ・文章を書くときに助詞などをうまく使いこなせない
- ・板書など書き写しの速度が極端に遅い
- ・考えた内容を書いて表現することが難しい

（LITALICOジュニア――発達障害・学習障害の子供への教育・支援
https://junior.litalico.jp/about/hattatsu/ld/）

【保護者へアドバイスするときのポイント】

小学校入学直前、あるいは入学直後の段階でひらがなが書けないと、保護者は不安になります。保護者の不安に寄り添い、できるだけ早い段階でひらがなが書けるようになるためのサポートをすることが大切です。食事の前に、勉強したひらがなを三回でいいので指書きをさせてみるようにお話ししましょう。

もちろん焦りは禁物ですので、「焦らず、確実に書けるように、応援しましょう」とアドバイスすることで、過度の練習をさせないようにすることが大切です。

9 描く① 塗り絵をするといつも大きくはみ出している

幼稚園や保育所で、クレヨンの活動や絵を塗る活動の際に、うまく塗りたいのに、できなくてイライラする子どもがいる。何回も教えられて、クレヨンで枠の中を塗ろうとするが、大きくはみ出してしまったり、塗りつぶせていなかったりする。

(一) はみ出してしまう理由

原因として次の二つが考えられる。

①筆圧のコントロールが苦手
②手先を上手くコントロールできない

(二) はみ出さないようにする具体的方法

塗り絵ではみ出さないようにするために、次のようなトレーニングをするのがよい。

①筆圧のコントロールが苦手

薄くなったり濃すぎたりと、筆圧のコントロールが苦手な場合は、身の回りにある道具を使って練習をしていくとよい。

・粘土遊び――こねたり、引っ張ったり、ちぎったりして何かの形を作ることができる。粘土を使うことで、自分の力加減一つで形を変えられることを覚える。

・コイン遊び――コインを握る、つまむ、容器に入れるという動作を経験する。いろんな指でコインをつかむことで指の力の入れ加減を学ぶことができる。

・習字の筆や絵の具の筆――色々な太さの線を書くことができる。

②手先を上手くコントロールできない

枠からはみ出してしまう場合、微細運動障害が疑われる。手先を上手くコントロールできるようになるためには、訓練をする必要がある。その一つとして次のことが挙げられる。

料理をさせる

小さい頃から、積極的に料理のお手伝いをさせるようにしたい。

料理には手先を使う様々な動作がふくまれる。切る、こねる、まぜる、成型するなど、どれも手先と脳に刺激を与える動きである。

大人がある程度準備しておき、「これ、混ぜておいてね」と簡単な作業だけをやらせるところから始めて、少しずつ自分でできるようにしていく。

また、日常生活が一人でできるようになるためには、

基礎的な運動スキル

を育てることが必要である。そのために、

近くにある公園の遊具を使って子どもの感覚を刺激する

ことも十分できる。これならば、遊びの中で子どもの感覚を成長させるので、親子で楽しみながらできる。

例えば公園にあるブランコなら、

(1)手で鎖を握る感覚
(2)目で周囲を見る視覚
(3)座ってバランスをとる感覚
(4)体重移動で前後に揺らす感覚
(5)足を揺らす感覚

といった感覚の中で、特にバランス感覚を育てることができる。

また、影絵や指人形遊び、手押し車や雲梯《うんてい》などの上半身全体を強化するエクササイズを通して、手先の操作性が高まる。

これらの感覚を育てていく際に注意したいことは、運動を単独で行うだけでなく、

である。例えば、次のような運動が有効である。お試しいただきたい。
・身体運動――手押し車、なわとび
・運動プランニング――体の動きを真似する活動、ジェスチャーゲーム
・バランス能力――ブランコ、すべり台、動きのある固定遊具遊び
・微細運動――手話や影絵、指人形遊び

【保護者へアドバイスするときのポイント】

学校で手先の不器用さが見られる場合、家庭でも同じことが起こっている可能性が高いです。まず学校での様子をお話しし、「お家でも同じようなことはありませんか?」と尋ねてみましょう。相談を受けたときは、保護者の不安に共感し、子どもの発育や発達には個人差があることを伝えることで、保護者に安心してもらえるようにしましょう。

また、基礎的な運動スキルは、家庭で育てられるものがたくさんあるので、やり方を具体的にお話しし、家庭で協力してもらえるようにお願いすることで、本人の困り感を軽減することができます。

10 描く② クレヨンや粘土を触るのを嫌がる

㈠ 触るのを嫌がる理由

絵を描く際に鉛筆での下書きはできていたのに、クレヨンで色を塗ろうとすると、嫌がって取り組もうとしない子どもがいる。また、粘土を使って作品を作る際に、絶対に粘土に触れようとしない子どもがいる。原因として次の三つのことが考えられる。

①失敗経験がある
②何を描いたり、作ったりしていいか分からない
③感触を苦手としている

学校や園で、絵を描く時間がある。そのときに、がんばって描いても、なかなか上手くいかない子がいる。彼らは、サポートがなければ毎回、失敗体験を積むことになる。失敗体験が積み重なると、「もう描きたくない」と最初から取り組まなくなる。

また、自閉スペクトラム症の子どもは、イメージ力に障害がある。「自由に作りなさい」と言われても、何をすればいいか分からないため、手が止まってしまうことが多い。

感触を苦手にしている子の多くは、感覚過敏を抱えている。感覚が敏感なため、

くっついたり、べとべとする刺激を不快と感じている

のである。感覚が敏感であることで、その触感を本人が苦痛と感じれば、触ろうとしないばかりか、耳を抑えるなどの回避行動が生まれる。

触覚が過敏だと、クレヨンや粘土に触れようとしない他にも、上履きを履きたがらない、上着を着たがらない、握手やハイタッチで友達と触れただけで痛がったりする等々のことがある。

心配な場合、医療機関などに相談してみることをおすすめする。触覚過敏の可能性がある。触覚過敏とは、次のことである。

感覚過敏の一つ。肌に何か触れたとき感じる感覚が過敏に反応してしまうこと。触覚防衛反応ともいう。

（前掲『特別支援教育　重要用語の基礎知識』一五六頁）

(二) 絵を描いたり、物を作ったりしようとしないときの対応法

絵を描いたり、ものを作ったりしようとしない子には、次のように対応する。

① 失敗経験がある

発達障害が疑われる場合、失敗を繰り返して自信をなくしてしまうと、自信を取り戻すのに長い時間と様々な経験が必要になる。だから、対応の基本は「失敗させない」ことである。

絵を描くときは、赤鉛筆でうすく描き、その上をなぞらせるようにする ものを作るときは、細かいところを手伝うようにする

このようにサポートすることで、成功体験を積ませ、自尊感情を高めていく。

②何を描いたり、作ったりしていいか分からない

何を描いたらいいか分からない子に、「自由に描きなさい」と言ってもできはしない。だから、何を描くのかを具体的に教える。「ここに、鼻の穴を描きなさい」「次は、小鼻を描くんですよ」と、どこに描くのかも具体的に教えることで、全員同じように描くことができる。

教師が、前で同じように描いてあげれば、よりイメージしやすくなる。

粘土で作品を作る場合は、細かいところは教師が作業し、大まかなところは本人に作らせるようにすれば、失敗することは少ない。

③感触を苦手としている

例えば、過去にクレヨンや粘土を使い、手に嫌なにおいが一日中残り、不快な思いをした経験があると、次からやりたがらなくなることがある。教師は、次のように考えるのがよい。

無理にクレヨンや粘土を触らせない

無理矢理触らせる必要はない。嫌なことを無理矢理やらせると、余計にやりたがらなくなる可能性が高い。それゆえ、少しずつ触ることができるようにサポートすることが大切である。そのためには、遊びな

がら感覚を鍛える方法もある。
例えば、次のような遊びがある。
・「背中に書いた字を当てるゲーム」
背中に数字や形、文字などを書いて当てる。背中に集中することで、接触感覚を鍛えることができる。
・「箱の中の物を当てるゲーム」
見えない物を触覚に集中して考えることで、接触感覚を鍛えることができる。
無理なく、できる範囲でにおいや感触に慣れさせていくことも必要である。

【保護者へアドバイスするときのポイント】

作業を始められない子の多くは、「失敗したらどうしよう……」という不安を抱えています。保護者には、「なぜ描かないの?」と理由を聞くのではなく、「心配なんだよね」と本人の不安に寄り添うようにお願いしましょう。その上で、前述したような対応策を具体的に話し、家庭でも協力してもらえるように伝えましょう。

保護者の中には、「なぞったり、写したりするだけで、本当にできるようになるのか」と不安に思う方もいる。その場合は、「どの道のプロも、最初はなぞったり、写したり、真似したりすることから始めています」と、学習の基本についてお話しすると安心されるでしょう。

あとがき

「なぜ、日本では六歳就学なのか？　五歳では早いのか？　七歳では遅いのか？」

「日本の小学校カリキュラムは、入学時点で何をどれだけできることを前提に組み立てられているのか？」

これらは、今から四〇年ほど前に、向山洋一氏が初めて一年生を担任したときに抱いた疑問である。

この問いに答えられる教師は、今でも少ないだろう。

私は、このことに興味をもち、研究したことがある。

まず、簡単に答えられるのは、後者の疑問である。

小学校に入ると、全ての教科でテキストを使う。教科書であったり教材であったりするが、それらのいずれにも文字が使われている。算数にしても、問題に書かれている文字が読めなければならない。

また、学校内は全て、文字で案内がされている。

教室の中で教えるときでもそうだ。

つまり、小学校生活は、入学時点で、

ひらがなの「読み」ができる

ことを前提に作られている。

また、「書き」についても入学から二ヶ月程度で全ての文字を習うことになっている。このスピードで全てのひらがなをマスターしようと思うと、小学校に入学してから勉強し始めたのでは遅いことが分かる。

では、このことを「いつ」「誰が」「どんな方法」で保護者に伝えているのだろうか？

非常に難しい状況にあるというのが実情である。ある子は幼稚園へ、ある子は保育所へという「二元化の状態」にあり、そもそも義務教育ではないため、園に通っていない子もいる。

よって、小学校では毎年毎年、全く読み書きのできない子への指導に翻弄されることになる。

ここで、「義務教育は六歳スタートが本当に良いのだろうか？」という疑問が出てくる。

私は、毎年、アメリカ視察にでかけている。

多くの公立小学校では、幼稚園の教室が併設されている。同じ校舎の中に幼稚園の教室があるのだ。

そこでは、システマティックに文字や数などの学習が行われていた。

私が調べた範囲では、多くの先進国が同じように五歳から学習を始めている。つまり、小学校の就学は六歳でも、系統だった学習のスタートは、その前から行われているということである。

日本の六歳就学が決められたのは、明治時代である。その理由について正確に記述した文献は見つけられなかったが、六歳就学を決めた委員の多くがドイツを研究する学者であり、ドイツからシステムを取り入れたであろうことは容易に推察できる。

そこで、ドイツはなぜ六歳就学なのかを調べてみた。

すると、児童労働から子どもを守るための措置として行われたという説が有力であることが分かった。つまり、そこに大きな根拠はないのである。

一方、脳科学の分野の目覚ましい発展とともに、ワーキングメモリが学習に大きく関わっていること、そしてワーキングメモリの発達が顕著になってくるのが三歳ごろからであることが分かり、三歳から五歳という幼児教育が非常に大切な時期であることが証明された。

日本はこのままでいいのだろうか？

そのような思いをずっともっていた。

そして特別支援教育コーディネーターとして多くの就学前の子どもや保護者と接する機会が増えるにつれて、その思いは強くなっていった。幼児期にこそ、入学してまもない一年生にこそ、その子の発達にあった教育が必要である、と。

子どもの可能性は無限だ。

その子にあった指導を行えば、まるでスポンジが水を吸収するように、能力を伸ばしていく。そのような光景を何度も見てきた。

それと同時に、逆のケースも多く見てきた。そして自分に何かできないかと思うようになった。それが、本書を企画したきっかけである。

執筆にあたっては、多くの本や論文を参考にさせていただいた。その中で、もっとも参考にしたのは、向山洋一氏の指導である。向山氏の指導には、子どもの事実と理論とが存在する。今でもその指導は色あせるどころか、注目に値する。

また、企画の初めから、繰り返しアイデアを示していただいた学芸みらい社の小島直人氏に心から感謝申し上げたい。

本書は、当初は一冊の形を考えていた。しかし資料にあたり、執筆を進め、できあがった原稿の検討を重ねるなかで盛り込みたい内容が増えていき、学習支援に重きを置く本書と、もう一冊の「学校生活編」の、読み応えのある二巻となった。

この二冊が、子どもを取り巻く多くの方々のお役に立てるなら幸いである。

小野隆行

執筆協力者 一覧

【チーフ】	堀田和秀	兵庫県洲本市立洲本第一小学校
	片山陽介	岡山県倉敷市立大高小学校
	犬飼祐子	岡山県岡山市立福浜小学校
	畦田真介	岡山県高梁市立高梁小学校
	大濱和加子	兵庫県洲本市立都志小学校
	小野敦子	岡山県岡山市立伊島小学校
	熊瀬功督	岡山県美作市立美作中学校
	三枝亜矢子	兵庫県伊丹市立南小学校
	津田泰至	兵庫県淡路市立大町小学校
	出相洸一	岡山県立津山工業高等学校
	戸川雅人	岡山県岡山市立福浜小学校
	原田はるか	兵庫県南あわじ市立榎列小学校
	堀田知恵	兵庫県洲本市立加茂小学校
	吉田真弓	岡山県岡山市立加茂小学校

小《しよう》学《がつ》校《こう》生《せい》活《かつ》スタートダッシュ［学《がく》習《しゆう》支《し》援《えん》編《へん》］
「勉《べん》強《きよう》が好《す》きな子《こ》」をつくる
保《ほ》護《ご》者《しや》の「疑《ぎ》問《もん》」に完《かん》全《ぜん》対《たい》応《おう》！

GAKUGEI MIRAISHA

2020年4月5日　初版発行

編著者　小野隆行《おのたかゆき》
発行者　小島直人
発行所　株式会社 学芸みらい社
〒162-0833 東京都新宿区箪笥町31 箪笥町SKビル3F
電話番号：03-5227-1266
FAX番号：03-5227-1267
HP：http://www.gakugeimirai.jp/
E-mail：info@gakugeimirai.jp
印刷所・製本所　藤原印刷株式会社
ブックデザイン　吉久隆志・古川美佐（エディプレッション）

ISBN978-4-909783-44-8 C3037

学芸みらい社の好評既刊

日本全国の書店や、アマゾン他の
ネット書店で注文・購入できます!

先生を救う シンプル仕事術

時間が増える

㊢ 小野隆行（岡山市立西小学校、勤務／日本の特別支援教育を牽引する若きリーダー）

あの先生は、いつも仕事が早い!
いったい、どこが違うのだろう?

―― キーワードは【時間を生み出す】――

『日本教育新聞』で絶賛!!

3原則 ＋ ケース・スタディ で納得

3原則
- ・「作業1」の前に「作業0」を仕組む
- ・「その場主義」を徹底する
- ・「異なる仕事」を「セット」でおこなう

学級経営、黄金の三日間、教室環境づくり、主要教科＋体育・図工など教科教育から学年の仕事、運動会・卒業式など行事指導まで。

“神業仕事術”を大公開!
現場教師のための
「働き方改革」対応策、決定版!

A5判ソフトカバー　144頁
定価：本体2,000円（税別）
ISBN 978-4-909783-18-9　C3037

目 次